★ 읽다 보면 사회 상식이 저절로 ★

그래서 이런 법이 생겼대요

우리누리 글 | 신동민 그림
서창효·서치원 감수

길벗스쿨

들어가며

친구들과 놀이할 때 꼭 필요한 게 한 가지 있어요. 이게 없으면 놀이가 엉망진창이 되어 버리죠. 과연 무엇일까요? 그건 바로 '규칙'이랍니다. 아무런 규칙 없이 축구를 한다고 상상해 보세요. 공을 손으로 잡아도 되고, 다른 선수를 막 밀어도 된다면 어떻게 될까요? 분명 경기를 제대로 할 수 없을 거예요. 그래서 아무리 사소해 보이는 놀이에도 규칙이 꼭 필요하죠.

우리가 사는 사회도 마찬가지예요. 국민이 모두 안전하고 즐겁게 살려면 수많은 '규칙'이 필요해요. 그리고 수많은 규칙 가운데 가장 중요하고 반드시 지켜야 할 것이 바로 '법'이랍니다.

그런데 법을 전혀 모르는 어린이들이 의외로 많아요. 또 법이 자기와는 아무 상관이 없다고 생각하는 친구들도 있지요. 그러나 법은 언제나 우리 가까이에 있어요. 학교를 오갈 때나 놀이터에서 놀 때, 심지어 인터넷을 하는 동안에도 늘 함께하지요. 이렇게 생활 구석구석에까지 자리 잡고 있는 법이 없다면 우리는 단 하루도 안전하게 살아갈 수 없을 거예요.

이 책은 법의 개념이나 종류를 가르치는 딱딱한 책이 아니에요. 일상생활 속에 얼마나 많은 법이 숨어 있는지 소개하고, 우리가 살아가는 데 왜 법이 필요하며, 법을 지키기 위해 어떤 마음가짐과 태도를 길러야 하는지 등을 어린이들 눈높이에 맞춰 재미있게 알려 주는 책이에요. 무엇보다 이 책은 각각의 법이 왜 만들어졌는지를 쉽게 이해할 수 있게 썼어요. 법이 만들어진 이유를 알면 그 법의 속뜻도 더 잘 이해할 수 있거든요.

책 내용이 어려울 것 같다고요? 일단 아무 페이지나 펼쳐서 만화부터 읽어 보세요. 만화만 읽어도 법이 우리 생활에 얼마나 가까이 있는지 알 수 있을 거예요. 또 오른쪽의 이야기 글은 실제 사례나 실제 사례를 바탕으로 각색해서 썼기 때문에 흥미진진하게 읽을 수 있어요.

이 책을 읽은 어린이들이 우리에게 왜 법이 필요하고, 왜 법을 지키며 살아야 하는지 깨달을 수 있다면 더 바랄 게 없겠어요.

-우리누리

차례

들어가며 2

1장 인터넷에서 만나는 법

친구가 내 사진을 마음대로 SNS에 올렸어요 초상권 침해 10
부모님 주민 등록 번호로 게임 사이트에 몰래 가입했다고요? 주민 등록법 12
부모님 허락 없이 몰래 구매한 게임 아이템을 환불받을 수 있나요?
미성년자의 법률 행위 14
일대일 대화에서 남의 욕을 해도 벌을 받나요? 사이버 명예 훼손죄 16
'좋아요'와 '구독'을 눌러 달라고 하는 게 강요죄일까요? 강요죄 18
부정적인 후기를 남기는 게 명예 훼손죄가 될까요? 사이버 명예 훼손죄 20
영화를 공짜로 다운로드해서 봐도 되나요? 저작권법 22
독후감 쓰기 숙제를 인터넷에서 베껴서 제출했어요 저작권법 24
인터넷에 불법 음란물을 올리면 어떻게 되나요? 성폭력 처벌법 26
악성 댓글을 함부로 달면 처벌받아요 정보 통신망법 28
스팸 메일을 마음대로 보내면 불법이에요 정보 통신망법 30
온라인 그루밍 범죄가 뭘까요? 청소년 성보호법 32
인터넷 쇼핑몰에서 구입한 물건은 언제까지 반품해야 할까요? 전자 상거래법 34
본인 확인을 거쳐야 글을 쓸 수 있었다고요? 인터넷 실명제 36

2장 학교나 학원에서 만나는 법

10대도 잘못을 저지르면 감옥에 가나요? 소년법 40

학교 폭력을 목격하면 꼭 신고해야 한다고요? 학교 폭력 예방법 42
교실에서 '사랑의 매'가 필요할까요? 초·중등 교육법 44
남의 물건을 모르고 들고 가도 범죄인가요? 점유 이탈물 횡령죄 46
친구의 채팅을 훔쳐봐도 죄가 되나요? 비밀 침해죄 48
스쿨 존은 왜 생겨났을까요? 도로 교통법 50
학교 급식에도 법이 있다고요? 학교 급식법 52
학원비도 돌려받을 수 있나요? 학원법 54
장애인은 꼭 따로 교육받아야 하나요? 특수 교육법 56
명문대를 나왔다고 거짓말한 과외 선생님은 죄가 있을까요? 문서 위조죄 58

3장 집이나 길에서 만나는 법

엄마에게 맡긴 세뱃돈, 돌려받을 수 있을까요? 미성년자의 재산에 관한 권리 62
길에 떨어진 지갑을 줍는 게 죄가 된다고요? 점유 이탈물 횡령죄 64
창문 밖으로 물건을 던지는 것도 범죄 행위예요 경범죄 처벌법 66
육교 근처에서 무단 횡단을 하면 벌금을 더 낸다고요? 도로 교통법 68
이름이 마음에 들지 않으면 바꿀 수 있나요? 개명에 관한 판례 70
성을 엄마 성으로 바꿀 수 있나요? 호주제 72
아동 학대는 법으로 금지되어 있어요 아동 학대 처벌법 74
강아지를 길에 버리는 게 불법이라고요? 동물 보호법 76
길을 가다 맨홀에 빠지면 누가 책임지나요? 국가 배상법 78
문화유산에 낙서를 하면 어떤 벌을 받나요? 문화유산법 80

왜 가게에서 음악을 함부로 틀면 안 되나요? 저작권법 82
층간 소음 문제로 다툼이 생기면 어떻게 해야 할까요? 공동 주택 관리법 84
택배로 받은 물건이 망가졌어요 택배 표준 약관 86
결혼식이 중요할까요, 혼인 신고가 중요할까요? 가족 관계 등록법 88
유언을 녹음으로 남겨도 되나요? 녹음에 의한 유언 90
쓰레기 종량제는 왜 만들었을까요? 폐기물 관리법 92

4장 일상생활에서 만나는 법

잘못 받은 거스름돈을 그냥 가지면 죄가 된다고요? 점유 이탈물 횡령죄 96
119에 거짓 신고를 하면 어떻게 될까요? 소방 기본법 98
식당에서 상한 음식을 먹고 식중독에 걸렸어요 식품 위생법 100
표준 계약서가 왜 중요할까요? 표준 계약서 102
가로수 길의 은행나무 열매를 줍는 게 불법이라고요? 점유 이탈물 횡령죄 104
키우는 강아지가 다른 사람을 물면 어떻게 되나요? 과실 치상죄 106
개구리를 마음대로 잡으면 안 된다고요? 야생 생물법 108
캠핑을 할 수 있는 곳이 정해져 있다고요? 자연환경 보전법 110
만 15세 미만은 아르바이트를 할 수 없다고요? 근로 기준법 112
청소년에게 술과 담배를 팔면 안 돼요 청소년 보호법 114
펭수 이름을 쓰지 못할 뻔했다고요? 상표법 116
음식점에서 신발을 잃어버리면 누구 책임일까요? 상법 118
왜 식재료의 원산지를 꼭 밝혀야 할까요? 원산지 표시제 120

남자가 여자로, 여자가 남자로 성별을 바꿀 수 있을까요? 성별 정정에 관한 판례 122
재판 결과가 마음에 들지 않을 때는 어떻게 하나요? 심급 제도 124
장애인 시설이 없으면 불법이라고요? 장애인 등 편의법 126

5장 신기하고 재미있는 옛날 법과 세계의 법

도둑질한 사람은 도둑맞은 집의 노예가 되어야 한다고요? 고조선 8조법 130
펄펄 끓는 가마솥에 사람을 넣는다고요? 조선 시대 팽형 132
미니스커트를 입었다고 벌을 받았다고요? 경범죄 처벌법 134
미국은 마트에서 총을 살 수 있대요 미국 총기 소지법 136
세계에서 가장 무서운 싱가포르 법 싱가포르 법 138
술을 마시면 감옥에 간다고요? 파키스탄 법 140
아기 이름을 마음대로 지을 수 없다고요? 작명에 관한 덴마크 법 142
공공장소에서 애정 표현을 하면 벌을 받는다고요? 두바이 법 144
길에서 스마트폰을 보면 벌금을 낸다고요? 하와이 산만한 보행 금지법 146
무거운 책가방을 들지 마세요 인도 책가방 무게 제한법 148
우주에도 법이 있다고요? 우주법 150

부록 법 용어 사전 152

일러두기

- 법은 필요에 따라 이름이 바뀌기도 하고 없어지기도 합니다. 법의 내용 또한 조금씩 바뀝니다. 이 책에서는 2025년 1월을 기준으로 한 우리나라 법을 다루었습니다.
- 법의 정식 명칭이 매우 긴 경우에는 법제처에서 운영하는 국가법령정보센터에 기재된 약칭으로 표기하거나, 신문과 뉴스, 일상생활에서 흔히 쓰는 명칭으로 표기했습니다.
- 본문에 나오는 사례는 실제로 일어났던 사건이나 일상생활에서 흔히 발생할 수 있는 법률문제를 어린이의 눈높이에 맞추어 각색한 이야기입니다.
- 비슷비슷한 사건이어도 구체적인 상황에 따라 법이 다르게 적용될 수 있습니다. 이 책에서는 가장 일반적인 법의 내용을 소개합니다.
- 더 자세하고 구체적인 법 내용을 알고 싶다면 국가법령정보센터(www.law.go.kr)를 참고하세요.

1장
인터넷에서 만나는 법

친구가 내 사진을 마음대로 SNS에 올렸어요

초상권 침해

AI 생생 법률 채팅방

공중파 뉴스에 내 얼굴이 동의 없이 나왔어. 이것도 초상권 침해 아니야?

네, 초상권 침해에 해당합니다. 그렇지만 뉴스에 나온 내용이 공공의 이해와 이익을 위한 것이고 표현 내용이 부당한 것이 아니라면 문제가 되지 않을 수도 있습니다. 따라서 이런 경우에는 초상권 침해로 인한 손해 배상을 청구할 수 없습니다.

민희가 교실 문을 열고 들어오자 가영이가 물었어요.

"민희야, 오늘 우리 집에서 내 생일 파티 하는데 너도 올래?"

"그래, 갈게."

그날 저녁, 민희는 가영이 생일 파티에 참석했다가 어쩔 수 없이 사진을 한 장 찍게 되었어요. 사실 민희는 얼굴에 화상 흉터가 있어서 사진 찍는 걸 몹시 싫어했지요.

"가영아, 이 사진은 꼭 너 혼자만 봐야 해. 꼭이야!"

"알았어! 걱정하지 마."

그런데 바로 이튿날, 민희는 가영이의 SNS를 보고 깜짝 놀랐어요. 가영이가 민희랑 찍은 사진을 SNS 프로필로 올렸기 때문이에요.

민희는 가영이에게 전화를 걸었어요.

"가영아, 그 사진은 너만 보기로 했잖아. 당장 사진 내려 줘."

"내 SNS에 사진 올리는 건 내 자유지. 그리고 팔로워 수도 몇 명 안 되는데, 뭘 그렇게 신경 써?"

가영이는 끝내 사진을 내리지 않았어요. 이렇게 다른 사람이 내 사진을 마음대로 자기 SNS에 올려도 되는 걸까요?

결론부터 얘기하자면, 가영이는 법을 어겼어요. 다른 사람의 사진을 허락 없이 마음대로 SNS에 올리면 '초상권' 침해에 해당하거든요. 누구든 자기 얼굴이 무단으로 찍히거나 그 사진이 함부로 사용되지 않을 권리가 있어요. 이것을 초상권이라고 해요. SNS에 올라 있는 사진을 주인 허락 없이 마음대로 퍼 가는 것도 초상권 침해에 해당한답니다.

부모님 주민 등록 번호로 게임 사이트에 몰래 가입했다고요?

주민 등록법

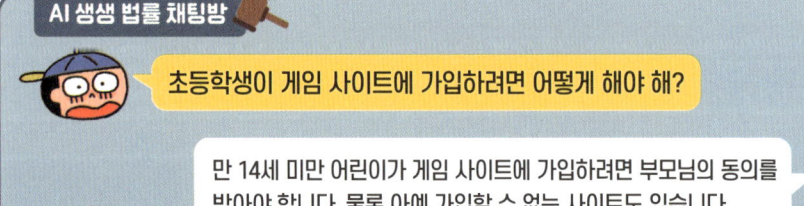

AI 생생 법률 채팅방

초등학생이 게임 사이트에 가입하려면 어떻게 해야 해?

만 14세 미만 어린이가 게임 사이트에 가입하려면 부모님의 동의를 받아야 합니다. 물론 아예 가입할 수 없는 사이트도 있습니다.

어느 날, 초등학생인 문우는 어떤 게임 광고 영상을 봤어요. 멋진 캐릭터들이 선보이는 화려한 액션에 절로 탄성이 나왔어요.

"우아, 짱 멋있다! 당장 가입해야지."

문우는 곧장 게임 사이트에 접속했어요. 그런데 그 게임 사이트에는 만 19세 이상만 가입할 수 있지 뭐예요.

"흐음……. 꼭 해 보고 싶은데, 어떡하지?"

그때, 좋은 생각이 떠올랐어요. 문우는 벌떡 일어나 거실 소파에서 자는 아빠를 지나쳐 슬금슬금 안방으로 들어갔어요. 그러고는 조용히 문을 닫은 뒤 조심조심 서랍을 뒤졌어요.

"여기 주민 등록 등본이 있었는데……. 거기에 아빠 주민 등록 번호가 나오니까 그걸로 가입해야지, 히히."

이렇게 다른 사람의 주민 등록 번호를 몰래 사용해 인터넷 사이트에 가입하면 과연 어떻게 될까요?

타인의 주민 등록 번호를 도용하면 '주민 등록법'에 따라 3년 이하의 징역 또는 3,000만 원 이하의 벌금에 처해집니다.

참고로, 문우처럼 가족의 주민 등록 번호를 도용한 경우에는 피해자가 가해자의 처벌을 원하지 않으면 처벌할 수 없습니다. 그렇지만 주민 등록 번호 도용은 심각한 범죄이기 때문에 부모님의 개인 정보라도 함부로 사용하면 안 돼요.

부모님 허락 없이 몰래 구매한 게임 아이템을 환불받을 수 있나요?

미성년자의 법률 행위

AI 생생 법률 채팅방

미성년자의 모바일 결제 때문에 문제가 생기면 어디에 도움을 청해야 하니?

콘텐츠분쟁조정위원회의 도움을 받을 수 있습니다. 콘텐츠분쟁조정위원회는 콘텐츠 사업자나 이용자 사이에 일어나는 분쟁을 조정하는 곳으로, 모바일 결제 내역 환불, 온라인 콘텐츠 가입 해지 등의 문제를 해결하는 데 도움을 줍니다.

초등학교 3학년 명수는 요즘 모바일 게임에 푹 빠져 있어요.

"엄마, 신용 카드 좀 쓰면 안 돼요? 게임 아이템 사고 싶어요."

명수가 엄마를 졸랐지만 엄마는 들은 척도 하지 않았어요.

그러나 명수는 게임 아이템을 포기할 수 없었어요. 고민하던 명수는 엄마 카드를 몰래 사용하기로 결심했지요.

"딱 하나만 사면 엄마도 모르실 거야."

그날 밤, 명수는 엄마 카드로 원하던 아이템을 몰래 구매했어요.

그런데 막상 하나만 사고 보니 다른 아이템이 눈에 아른거리지 뭐예요. 결국 명수는 아이템을 몇 개나 더 사고 말았어요.

얼마 뒤, 카드 사용 내역서를 받아 본 엄마는 깜짝 놀랐어요.

"정명수! 혹시 너, 엄마 몰래 게임 아이템 샀니? 도대체 몇 개나 산 거야?"

엄마는 불같이 화를 내며 게임 아이템을 당장 환불받으라고 말했어요.

과연 명수는 환불을 받을 수 있을까요?

민법에 따르면, 미성년자가 법률 행위를 할 때는 반드시 보호자의 동의를 얻어야 해요. 온라인에서 게임 아이템을 결제하는 것 또한 법률 행위라고 볼 수 있어요. 그러므로 미성년자가 보호자의 동의 없이 게임 아이템을 구매했다면 취소가 가능합니다.

따라서 명수는 원칙적으로는 환불을 받을 수 있어요. 그러나 보호자의 동의 없이 결제했다는 사실을 증명해야 하는데, 그 과정이 매우 복잡하고 까다로울 수 있습니다. 그러니 미성년자가 온라인으로 무얼 구매할 때는 반드시 부모님 허락을 받아야 해요.

일대일 대화에서 남의 욕을 해도 벌을 받나요?

사이버 명예 훼손죄

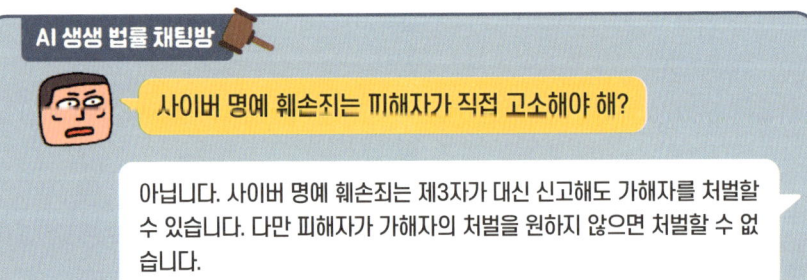

AI 생생 법률 채팅방

사이버 명예 훼손죄는 피해자가 직접 고소해야 해?

아닙니다. 사이버 명예 훼손죄는 제3자가 대신 신고해도 가해자를 처벌할 수 있습니다. 다만 피해자가 가해자의 처벌을 원하지 않으면 처벌할 수 없습니다.

어느 날, 소리가 영철이에게 몹시 화를 내며 따졌어요.

"너 희영이한테 카톡으로 나에 관한 헛소문 퍼뜨렸다며? 그 소문 때문에 내가 얼마나 이상한 오해를 받았는지 알아?"

"헉! 나, 난……, 그러니까……."

영철이는 어떻게 변명해야 할지 몰라 눈앞이 캄캄해졌어요.

소리가 영철이에게 차갑게 쏘아붙였어요.

"넌 사이버 명예 훼손죄를 저지른 거야."

"뭐? 일대일 대화에서 나눈 말이 어떻게 명예 훼손이야?"

영철이가 억울해하는 표정으로 반박했어요. 자기가 잘못된 행동을 했다는 건 알지만, 소리가 하는 말은 역시 같았지요.

과연 두 사람 중 누구 말이 맞을까요?

결론부터 말하면, 소리의 말이 맞아요. 위 사례는 '사이버 명예 훼손죄'의 세 가지 성립 요건을 모두 충족하기 때문입니다.

사이버 명예 훼손죄가 성립하려면 첫째로, 명예 훼손의 대상이 누구인지 명확하게 인식할 수 있어야 해요. 둘째로, 그 사람을 비방할 목적이 있어야 합니다. 마지막으로, 불특정 다수에게 전파될 가능성이 있어야 하지요.

영철이는 소리의 실명을 언급했고, 비방할 목적으로 허위 사실을 퍼뜨렸어요. 그리고 일대일 비밀 대화이지만 희영이가 다른 사람에게 소문을 퍼뜨릴 가능성이 있다면 사이버 명예 훼손죄가 성립됩니다.

'좋아요'와 '구독'을 눌러 달라고 하는 게 강요죄일까요?

강요죄

AI 생생 법률 채팅방

엄마가 나한테 숙제하라고 매일 잔소리하는 것도 강요죄 아니야?

강요죄는 폭행 또는 협박으로 다른 사람의 권리 행사를 막거나 의무 없는 일을 하게 할 때 인정됩니다. 따라서 마땅히 해야 할 의무가 있는 일을 강요하고, 폭행이나 협박이 없는 엄마의 잔소리는 강요죄에 해당하지 않습니다.

최근 주만이는 먹방 유튜브를 시작했어요. 날마다 영상을 업로드하며 유튜브를 열심히 관리했지요. 주만이의 이런 열정은 주변 사람들에게 영향, 아니 불편을 주었어요.

"철우야, 내가 어제 올린 영상에 '좋아요' 눌렀어?"

"영미야, 너 왜 아직 내 유튜브 구독 안 해?"

주만이는 친구들이 자기 유튜브를 구독하고 '좋아요'를 눌렀는지 매일 확인했어요. 주만이의 성화에 친구들은 지쳐 갔어요.

"주만아, 제발 네 유튜브 보라고 강요 좀 하지 마."

친구들이 불평해도 주만이는 아랑곳하지 않았어요. 오히려 시청자들에게까지 구독과 '좋아요'를 누를 것을 요구했지요. 그러자 시청자들 사이에서도 점점 불만이 터져 나왔어요.

"구독과 '좋아요' 누르라는 말 좀 그만하세요. 그렇게 강요하는 거, 강요죄 아니에요?"

댓글을 본 주만이는 곧장 답변을 달았어요.

"제가 님 손목을 끌고 와서 누르게 하는 것도 아니잖아요. 그러니 강요죄는 아니죠!"

과연 누구 말이 맞을까요?

결론적으로 말하면, 주만이 말이 맞아요. 강요죄가 성립하려면 폭행 또는 협박으로 사람을 위협하거나, 상대방에게 의무가 없는 일을 억지로 하게 해야 해요. 형법에서는 이런 경우만 강요죄로 규정하고 있답니다.

그렇지만 법적으로 문제가 되지 않더라도 다른 사람이 불쾌감을 느낄 정도로 강요하는 행동은 좋지 않겠지요?

부정적인 후기를 남기는 게 명예 훼손죄가 될까요?

사이버 명예 훼손죄

AI 생생 법률 채팅방

> 부정적인 구매 후기를 업체에서 마음대로 지워도 되니?

> 다른 소비자의 구매 후기는 구매를 결정하는 데 아주 중요한 고려 요소입니다. 그런데 업체가 부정적인 후기만 골라서 지우는 행동은 소비자를 기만하여 소비를 유인하는 행위에 해당합니다. 따라서 이러한 업체는 전자 상거래법에 따라 처벌받을 수도 있습니다.

채연 씨는 남편과 함께 강원도로 여름휴가를 떠났어요. 아침부터 물놀이를 신나게 해서인지 점심때가 되자 배가 몹시 고팠어요.

"여보, 배가 등에 딱 달라붙은 것 같아요."

"저기 햄버거 가게가 보이네요. 오늘 점심은 저기서 먹을까요?"

채연 씨 부부는 곧장 햄버거 가게로 들어갔어요. 메뉴판에는 먹음직스러워 보이는 음식 사진이 붙어 있었어요. 채연 씨는 수제 베이컨 햄버거와 감자튀김을 주문했어요.

잠시 후에 음식이 나왔어요. 그런데 음식을 몇 입 먹은 채연 씨의 표정이 좋지 않았어요.

"햄버거 속 베이컨은 엄청 짜고 양상추는 시들시들해요. 감자튀김은 눅눅하고요. 이건 너무 심한데요?"

식사를 마치고 채연 씨는 자기 블로그에 후기를 남겼어요. 다른 사람들이 참고할 수 있게끔 이 가게를 추천하지 않는 이유를 솔직하게 적었지요. 그런데 며칠 뒤, 생각지도 못한 일이 벌어졌어요. 가게 주인이 후기를 쓴 채연 씨를 사이버 명예 훼손죄로 고소했지 뭐예요.

채연 씨는 정말 사이버 명예 훼손죄를 저지른 걸까요?

<u>채연 씨의 후기는 무조건적인 비방이 아니라 공공의 이익을 목적으로 하고 사실을 있는 그대로 적었기 때문에 사이버 명예 훼손죄에 해당하지 않아요.</u> 그러나 비방할 목적으로 허위 사실을 올리거나, 실제로 있었던 일을 쓰더라도 악의적인 표현이 담긴 글을 올리면 사이버 명예 훼손죄로 처벌받을 수 있답니다.

영화를 공짜로
다운로드해서 봐도 되나요?

저작권법

AI 생생 법률 채팅방

 영화를 불법으로 다운로드하면 무조건 처벌받니?

아닙니다. 저작권법은 원칙적으로 '친고죄'입니다. 친고죄란 피해자가 고소해야 처벌할 수 있는 범죄이기 때문에 피해자가 고소하지 않으면 가해자도 처벌받지 않습니다. 그렇지만 일부 사이트에는 저작물을 다운로드하면 자동으로 업로드되는 기능이 있습니다. 이런 경우 저작물을 배포한 것으로 판단되어 처벌 가능성이 높아집니다. 따라서 불법 다운로드는 아예 처음부터 하지 말아야 합니다.

성현이는 학교 앞에서 쿠폰 한 장을 받았어요. 쿠폰에는 어떤 사이트 주소와 함께 쿠폰 번호만 입력하면 영화를 공짜로 다운로드할 수 있다는 내용이 적혀 있었어요.

"속는 셈 치고 한번 들어가 볼까?"

성현이는 집으로 돌아와 사이트에 접속해서 쿠폰 번호를 입력했어요. 잠시 후, 다양한 영화 목록이 화면에 나타났어요.

"우아! 〈우주 히어로〉도 있잖아?"

목록에는 최근에 개봉한 영화들까지 포함되어 있었어요. 성현이는 신이 나서 무료 다운로드 버튼을 눌렀어요. 그러다 문득 기분이 찜찜해졌어요.

"그런데 이거 저작권법 위반 아닌가? 혹시라도 나중에 걸려서 처벌받으면 어떡하지?"

과연 성현이의 걱정은 사실일까요?

결론부터 말하면, 성현이의 행동은 저작권법 위반이 맞아요.

모든 영화나 드라마에는 저작권이 있어요. 저작권은 저작물을 만든 사람이 자기가 만든 저작물에 대해 행사하는 법적 권리를 뜻해요. 따라서 다른 사람의 저작물을 시청하거나 소유하려면 합당한 금액을 지불해야 하지요.

그러니 영화를 보고 싶다면 유료 스트리밍 서비스나 합법적인 다운로드 서비스를 이용하세요.

독후감 쓰기 숙제를 인터넷에서 베껴서 제출했어요

저작권법

AI 생생 법률 채팅방

저작권은 언제까지 보호받는 거야?

저작권은 저작자가 사망한 이후 70년까지 보호받을 수 있습니다. 만약 저작자가 사람이 아니라 기업이나 단체일 때는 저작물이 발표된 날부터 70년까지 보호받을 수 있습니다.

"휴! 책 읽고 독후감 쓰기 숙제라니……. 제일 싫어."

글쓰기에 자신이 없는 명철이는 독후감 쓰기 숙제 때문에 한숨을 푹푹 내쉬었어요. 그러다 혹시나 하는 마음에 인터넷으로 검색을 해 봤지요.

"어? 똑같은 책으로 다른 사람이 쓴 독후감이 올라와 있네."

명철이는 잠시 고민하다가 인터넷에 올라와 있는 독후감을 베껴 썼어요.

그런데 얼마 뒤, 담임 선생님이 명철이와 태현이를 불렀어요. 태현이는 명철이와 같은 반 친구예요.

"너희, 이 독후감 인터넷에서 베껴 쓴 거지?"

명철이와 태현이는 꿀 먹은 벙어리처럼 아무 대답을 못 했어요.

"이것 봐. 너희 둘이 쓴 내용이 완전히 똑같잖아."

명철이와 태현이가 잘못했다고 하자 선생님이 타이르듯 말했어요.

"얘들아. 인터넷에 있는 글을 베끼는 것도 저작권법 위반이야. 법을 어기는 거라고. 앞으로 다시는 이런 짓 하면 안 된다."

누가 쓴 글도 음악이나 영화처럼 저작권이 있는 창작물이에요. 따라서 이런 창작물을 허락 없이 사용하는 행위 또한 저작권법 위반에 해당해요. 물론 인터넷에 있는 자료를 참고한다고 해서 무조건 법을 어기는 것은 아니에요. 일부 내용만 참고해서 거기에 자기 의견을 적절히 덧붙여 숙제를 완성했다면 저작권법 위반에는 해당하지 않을 수도 있지요.

인터넷에 불법 음란물을 올리면 어떻게 되나요?

성폭력 처벌법

AI 생생 법률 채팅방

음란물을 가지고만 있어도 처벌받니?

단순히 음란물을 소지했다고 모두 처벌받는 건 아닙니다. 그러나 촬영 대상자의 동의 없이 촬영된 불법 촬영 음란물이나 아동·청소년이 등장하는 음란물 등은 갖고 있기만 해도 처벌받을 수 있습니다.

희영 씨는 요즘 어느 인터넷 사이트 때문에 골머리를 앓고 있어요. 영어 공부에 관한 정보를 공유하는 사이트인데, 최근 들어 자꾸 음란한 게시물을 올리는 사람이 있었거든요.

희영 씨는 친구를 만나 고민을 털어놓았어요.

"내가 자주 이용하는 사이트가 있는데, 누가 자꾸 불법 음란물을 올려서 짜증 나."

"어머, 정말?"

"응. 게다가 거기에 동조해서 이상한 댓글을 다는 사람도 많아."

친구는 잠시 생각하더니 한 가지 해결 방법을 내놓았어요.

"그럼 음란 게시물을 올린 사람과 동조하는 댓글을 쓴 사람들을 신고하면 어때?"

"어디에 신고하면 되는데?"

친구는 예전에 인터넷에서 보았다며 신고 방법을 알려 주었어요. 며칠 뒤, 희영 씨는 1377로 신고를 했어요. 1377은 방송통신심의위원회, 여성가족부, 경찰청이 함께 운영하는 디지털 성범죄 신고 서비스 번호예요.

1377에 신고하면 인터넷에 올라간 불법 음란물은 삭제되며, 음란물 때문에 피해를 겪은 당사자가 상담 등의 지원을 받을 수 있게 도와줘요. 또한 불법 음란물을 올린 범인을 잡을 수 있도록 수사 기관과 연결해 줍니다. 그렇게 해서 범인이 잡히면 '성폭력 처벌법' 등 여러 법률에 따라 엄중히 처벌한답니다.

악성 댓글을 함부로 달면 처벌받아요

정보 통신망법

 AI 생생 법률 채팅방

실명을 언급하지 않은 악플도 처벌할 수 있니?

네. 실명을 말하지 않았더라도 제3자가 표현 내용을 봤을 때 누구를 향해서 한 말인지 알 수 있다면 '특정성'이 인정되어 처벌할 수 있습니다.

정훈이는 가수 뉴이의 팬이에요. 뉴이가 나오는 방송은 꼭 챙겨 보고, 응원 댓글을 다는 것도 잊지 않지요.

"늘 응원합니다! 뉴이 누나의 노래는 사람들에게 힘을 줘요."

정훈이가 올린 댓글 뒤로 여러 댓글이 달렸어요. 그런데 그중에 눈살을 찌푸리게 하는 댓글이 하나 있었어요.

"여러분, 뉴이에게 속지 마세요. 저 얼굴 만들려고 성형외과에서 10억을 썼다고 합니다."

'지적질'이라는 아이디를 쓰는 사람이 올린 댓글이었어요. 요즘 뉴이에게 자주 악플을 다는 사람이었어요.

정훈이는 바로 반박 댓글을 썼어요.

"유언비어 퍼뜨리지 마세요. 악성 댓글은 범죄입니다."

정훈이의 말처럼 악성 댓글은 사이버 범죄예요. <u>온라인상에서 타인을 함부로 비방하면 '정보 통신망법'에 따라 명예 훼손죄로 처벌받을 수 있습니다.</u> 또한 온라인에서 잘못 퍼진 정보는 쉽게 전파되고 <u>지우기가 쉽지 않기 때문에, 일반 명예 훼손죄보다 더 큰 처벌을 받을 수 있어요.</u>

만약 실제로 있었던 일을 언급했다고 하더라도 비방이 목적이었다면 처벌받을 수 있습니다. 특히 위에서 말한 사례처럼 허위 사실을 퍼뜨린 경우에는 가중 처벌을 받아요.

스팸 메일을 마음대로 보내면 불법이에요

정보 통신망법

AI 생생 법률 채팅방

스팸의 정확한 뜻이 뭐야?

사용자의 뜻과 상관 없이 인터넷을 통해 일방적으로 전달되는 많은 양의 광고성 메일, 문자, 통화 등을 가리켜 스팸이라고 합니다.

호멜 푸드는 돼지고기를 가공해서 파는 미국의 회사예요. 그런데 회사 매출이 갈수록 떨어지자 긴급회의를 열었어요.

"이번에 새로 출시한 햄 통조림 '스팸'을 팔아야 이 위기를 넘길 수 있습니다. 어떻게 하면 스팸을 많이 팔 수 있을까요?"

"대대적으로 광고해서 소비자들의 시선을 사로잡아야 합니다."

그래서 호멜 푸드는 스팸을 홍보하기 위해 어마어마하게 많은 광고를 했어요.

과연 소비자들은 이 스팸 광고를 어떻게 받아들였을까요?

"요즘은 스팸 광고를 너무 많이 해. 텔레비전에서도 스팸 광고, 라디오에서도 스팸 광고……."

"이건 광고가 아니라 공해야 공해!"

이때부터 사람들은 지나친 광고로 인한 공해를 '스팸'이라고 일컬었어요. 그러다 인터넷을 통해 한꺼번에 여러 사람에게 무단으로 뿌려지는 광고 메일을 '스팸 메일'이라고 부르게 되었지요.

요즘에는 휴대폰으로 오는 스팸 문자 때문에 피해를 보는 사람이 많아요. 심지어 스팸 문자의 링크를 잘못 누르면 휴대폰에 악성 프로그램이 몰래 설치되기도 해요.

정보 통신망법은 이런 스팸 메일이나 스팸 문자 때문에 피해가 발생하지 않게 막아 주는 역할을 해요. 광고 메일을 보낼 때는 반드시 수신자의 동의를 받아야 하고, 수신자는 언제든 수신을 거부할 수 있지요. 또 수신자의 동의 없이 발송된 불법 스팸 문자는 한국인터넷진흥원에 신고할 수 있어요.

온라인 그루밍 범죄가 뭘까요?

청소년 성보호법

AI 생생 법률 채팅방

 온라인 그루밍 범죄 예방법을 알려 줄래?

우선 인터넷에서 만난 사람에게는 자신의 개인 정보를 함부로 알려 주지 말아야 합니다. 그리고 친밀감을 앞세워 사진 또는 영상을 요구하거나, 따로 약속을 잡아 만나자고 한다면 부모님께 허락받아야 한다고 말해 보세요. 만약 부모님께 알리지 말라고 한다면 이상한 사람일 가능성이 높으니 즉시 연락을 끊어야 합니다.

초등학교 5학년 주아는 친구 문제로 고민이 많았어요. 그러던 어느 날, SNS에서 고민 상담을 해 준다는 글을 발견했어요.

"이게 뭐지? 속는 셈 치고 한번 연락해 볼까?"

주아는 고민 내용을 담은 쪽지를 작성자에게 보냈어요. 작성자는 성인 남성으로, 성심성의껏 상담해 주었어요. 그 후로 주아는 그 사람과 이런저런 대화를 나누며 점점 가까워졌어요.

"주아가 어떻게 생겼는지 궁금한데, 사진 좀 보내 줄래?"

어느 날, 남자는 주아를 더 잘 알고 싶다며 사진을 부탁했어요. 주아도 그 사람과 더 친해지고 싶은 마음에 셀카를 찍어 보냈어요.

"주아는 정말 예쁘구나. 혹시 몇 장 더 보내 줄 수 있니?"

칭찬에 기분이 좋아진 주아는 남자가 부탁할 때마다 사진을 보내 주었어요. 그런데 남자는 점점 이상한 부탁을 했어요. 신체 특정 부위를 찍어 보내 달라는 요구까지 했지요. 그제야 주아는 남자가 이상하다는 것을 깨달았지만, 그땐 이미 주아 사진이 남자의 손에 몇십 장이나 넘어간 뒤였어요.

이런 행위를 '온라인 그루밍'이라고 해요. 온라인 그루밍이란, 가해자가 온라인 채팅이나 SNS 등을 통해 피해자와 친밀한 관계를 형성한 뒤에 성적인 행위를 권유하고 유도하는 것을 말해요.

온라인 그루밍은 명백한 범죄예요. 특히 아동·청소년을 대상으로 하면 '청소년 성보호법'에 따라 처벌받지요.

그런데 온라인 그루밍은 피해자가 자신이 학대받는다는 사실을 인식하기 어렵고, 표면적으로는 저항하지 않은 것처럼 보이는 경우가 있어서 수사가 어려울 때가 많으니 더더욱 주의해야 합니다.

인터넷 쇼핑몰에서 구입한 물건은 언제까지 반품해야 할까요?

전자 상거래법

AI 생생 법률 채팅방

내가 물건을 망가뜨린 경우에도 환불을 받을 수 있을까?

아닙니다. 소비자 잘못으로 물건을 망가뜨렸거나, 농수산물처럼 일정한 기간이 지나면 재판매가 불가능한 경우 등에는 환불을 받을 수 없습니다.

개학이 가까워지자 재훈이가 엄마를 졸랐어요.

"엄마, 책가방 하나만 새로 사 주시면 안 돼요? 제발요!"

"안 돼. 작년에 사 줬잖아."

재훈이는 몇 날 며칠을 조른 끝에 겨우 엄마의 허락을 받아 냈어요. 얼마 전에 인터넷 쇼핑몰에서 본 멋진 파란색 책가방을 떠올리며 재훈이는 쾌재를 불렀어요.

"아싸! 그럼 인터넷으로 바로 주문할게요."

며칠 뒤, 주문한 책가방이 도착했어요. 그런데 재훈이 표정이 영 좋지 않았어요.

엄마가 이유를 묻자 재훈이가 말했어요.

"실제로 보니까 책가방이 작아서요. 학교 다닐 때 쓰기 불편할 것 같은데……. 엄마, 이거 반품하고 환불 받을 수 있을까요?"

정당한 환불은 법으로 보장되어 있어요. '전자 상거래법'에 따라 소비자는 인터넷에서 구입한 물건을 7일 이내에 반품하거나 교환할 수 있답니다. 단, 재훈이처럼 단순 변심인 경우에는 소비자가 택배비를 부담해야 해요. 그렇지만 물건이 광고 내용과 다르거나 하자가 있을 때는 물건을 받은 날부터 3개월 이내에 거래를 취소할 수 있어요.

간혹 인터넷 쇼핑몰 게시판에 교환이나 환불이 불가하다는 안내 글이 적힌 걸 볼 수 있는데, 이렇게 일방적으로 소비자에게 불리하게 작용하는 약정은 모두 무효랍니다.

본인 확인을 거쳐야 글을 쓸 수 있었다고요?

인터넷 실명제

AI 생생 법률 채팅방

> 어떻게 하면 악플 문제를 해결할 수 있을까?

악플 문제를 해결하기 위해 많은 전문가들이 고민하고 있습니다. 악플을 유도하는 인터넷 게시판의 구조 변화, 악플을 더 엄하게 처벌하기 위한 법률 개정, 올바른 인터넷 문화를 위한 시민 교육 등을 해결책으로 제시하고 있습니다.

인터넷이 사람들에게 널리 보급되자 여러 문제가 나타났어요. 특히 실명을 밝히지 않아도 되는 익명성을 악용해 악플을 다는 사람들이 큰 문제였지요. 이 문제가 해결되지 않자 '인터넷 실명제'를 의무화해야 한다는 의견이 나왔어요. 인터넷 실명제란 인터넷 이용자의 실명과 주민 등록 번호가 확인되어야만 인터넷 게시판에 글을 올릴 수 있는 제도예요.

"2007년부터 인터넷 실명제를 도입합니다!"

그리하여 하루 평균 이용자 수가 10만 명 이상인 인터넷 게시판을 대상으로 인터넷 실명제가 처음 적용되었습니다. 법이 시행되자 게시판 이용자들은 조심스러워질 수밖에 없었어요.

"괜히 글을 썼다가 잡혀가면 어떡해……."

그러자 인터넷 실명제가 헌법에 어긋난다는 논란이 커졌어요.

"표현의 자유를 위협하고, 개인 정보 유출 문제를 일으키는 인터넷 실명제는 없어져야 합니다!"

결국 헌법 재판소의 판결에 따라 인터넷 실명제는 2012년에 폐지되었어요. 그래서 우리는 인터넷으로 더 많은 사람들과 자유롭게 정보나 생각을 주고받을 수 있게 되었지요.

하지만 그와 동시에 악성 댓글과 같은 문제가 줄지 않고 나날이 늘고 있습니다. 이런 이유에서 인터넷 실명제를 다시 도입해야 한다는 의견도 꾸준히 나오고 있답니다.

2장
학교나 학원에서 만나는 법

10대도 잘못을 저지르면 감옥에 가나요?

소년법

AI 생생 법률 채팅방

'보호 처분'이 뭐야?

보호 처분이란 소년부 판사가 소년의 개선을 위해 보호가 필요하다고 인정하여 내리는 처분으로, 형사 처분과는 달리 전과 기록이 남지 않습니다. 보호 처분에는 사회봉사, 보호 시설 송치, 소년원 송치 등이 있습니다.

어느 날 밤, 10대 남학생들이 무인점포 현금 보관함을 훔쳐 달아났어요. 경찰은 현장 CCTV로 이들의 인상착의를 확보했지요.

"일당은 모두 여섯 명입니다. 복면을 쓰고 있어서 신분을 확인하기가 어렵지만, 곧 붙잡을 수 있을 겁니다."

경찰은 한 달 동안 끈질기게 추적한 끝에 일당을 모두 붙잡는 데 성공했어요.

"여섯 명 가운데 네 명은 중학교 2학년으로, 촉법소년이었습니다. 이들은 모두 소년법에 따라 처벌받게 될 겁니다."

여기서 '촉법소년'은 누구를 말하고, 또 '소년법'이란 뭘까요?

우리나라에서는 만 10세 이상 19세 미만 청소년이 범죄를 저질렀을 때는 '소년법'에 따라 처벌받아요. 이 가운데 만 10세 이상 14세 미만의 죄를 지은 청소년을 '촉법소년'이라고 해요. 촉법소년은 아직 인격이 완성되지 않았고 개선의 가능성이 크다고 여겨져요. 그래서 성인처럼 감옥에 가거나 형사 처벌을 받지 않지요. 대신 사회봉사 명령이나 소년원 송치 같은 보호 처분을 받습니다.

반면 14세 이상의 죄를 지은 청소년은 '범죄 소년'으로 분류됩니다. 그래서 심각한 범죄를 저지른 경우에는 보호 처분뿐만 아니라 징역형(감옥에 가는 벌) 같은 형사 처벌을 받을 수 있어요. 성인과 마찬가지로 형사 처벌을 받으면 전과 기록이 남지요.

그런데 최근에는 청소년 범죄 연령이 점점 낮아지고 잔인한 범죄가 늘고 있어요. 그래서 이에 대처할 적절한 조치가 필요하다는 목소리가 높아지고 있답니다.

학교 폭력을 목격하면 꼭 신고해야 한다고요?

학교 폭력 예방법

AI 생생 법률 채팅방

학교 폭력 가해자는 가해 내용이 학교 생활 기록부에 기록되니?

네, 학교 폭력을 저지른 학생이 학교폭력대책심의위원회에서 처분을 받으면 그 사실이 '학교생활 기록부(학생부)'에 기재됩니다. 학생부에 기재된 내용은 처분 정도에 따라 졸업 후 최대 4년까지 삭제되지 않으며, 만약 9호를 받았다면 평생 삭제할 수 없습니다. 또한 학교 폭력을 저질렀다는 내용이 학생부에 기재되어 있으면 대학 입시 과정에 불이익을 받을 수 있습니다.

지민이는 날마다 세라를 괴롭혔어요. 세라 사물함에 있는 필통을 몰래 가져가고는 시치미를 뗀 적도 있지요.

"지민아, 혹시 내 필통 못 봤니?"

"내가 그걸 어떻게 알아?"

지민이는 복도에서 세라를 툭툭 치고 지나가거나 세라 책상에 낙서를 하기도 했어요. 터무니없는 소문을 퍼뜨리기도 했고요.

세라 친구 태은이는 그런 모습을 보고 고민에 빠졌어요.

"어떡하지? 지민이가 세라를 점점 심하게 괴롭히네. 신고를 해야 하나, 말아야 하나?"

여러분이 만약 이런 모습을 목격했다면 어떻게 해야 할까요?

'학교 폭력 예방법'에 따르면 '학교 폭력 신고 의무'라는 게 있어요. 학교 폭력 사실을 알게 된 사람은 즉시 신고해야 한다는 내용이에요. 그러므로 학교 폭력 현장을 목격했다면 선생님이나 학교 폭력 신고 센터인 117에 알려야 해요.

신고가 접수되면 교사, 학부모, 변호사 등 여러 사람이 모여 학교폭력대책심의위원회, 즉 학폭위를 열어요. 학폭위가 사건을 조사하면 학교장은 그 결과를 바탕으로 가해 학생에게 내릴 처분을 정하지요. 학교 폭력 처분은 정도에 따라 1호부터 9호까지로 나뉘어요. 사과문을 쓰게 하거나, 사안이 심각한 경우에는 전학 또는 퇴학 처분을 내리기도 한답니다.

교실에서 '사랑의 매'가 필요할까요?

초·중등 교육법

AI 생생 법률 채팅방

교실에서 체벌 대신 간접 체벌을 하기도 한다는데, 간접 체벌의 예시를 알려 줘

잘못을 저지른 학생에게만 교실 청소를 시키거나 숙제를 내 주는 것, 모두 보는 앞에서 잘못을 지적하는 것 등이 간접 체벌에 속할 수 있습니다. 그런데 간접 체벌도 정당한 훈육의 범위를 넘어서면 법적인 문제가 생길 수 있습니다.

학교 수업 시간 중에 어디서 낄낄대는 소리가 들렸어요.

"방금 누구야?"

칠판에 글을 쓰던 선생님이 소리가 나는 쪽을 돌아보았어요. 지원이가 교과서 대신 만화책을 보며 웃고 있었어요.

"지원아, 지금 뭐 하니? 당장 교과서 펴. 만화책은 압수야."

선생님은 지원이 손에서 만화책을 빼앗았어요. 지원이가 돌려달라며 오히려 화를 내자 선생님이 엄격한 목소리로 말했어요.

"만화책 돌려받고 싶으면 수업 끝나고 교무실로 와. 알겠니?"

수업이 끝난 뒤, 지원이는 교무실에 갔어요. 선생님은 얇은 회초리를 꺼내 지원이의 손바닥을 때렸어요.

"오늘 네 행동이 얼마나 나쁜 행동이었는지 깨닫기를 바란다."

2000년대 초반까지만 해도 선생님이 이른바 '사랑의 매'를 드는 일이 꽤 있었어요. 좀 더 옛날에는 선생님의 강도 높은 체벌을 당연하게 받아들이기도 했지요.

그러나 2011년부터 개정된 '초·중등 교육법'에 따라 체벌은 법으로 금지되었어요. 이제는 도구, 신체 등을 이용해 학생의 신체에 고통을 주는 행위 자체가 불법이에요. 학생들의 인격권을 존중하기 위한 조치였지요.

그런데 여전히 체벌의 필요성을 주장하는 사람들이 일부 있어요. 체벌 금지로 교권이 추락해 아이들을 바르게 이끌기 어렵다는 이유에서요. 그러나 교육은 사랑과 존중을 바탕으로 이루어져야 하므로 체벌이 아닌 올바른 방법을 찾는 것이 중요합니다.

남의 물건을 모르고 들고 가도 범죄인가요?

점유 이탈물 횡령죄

AI 생생 법률 채팅방

만약 친구가 자기 휴대폰인 줄 알고 내 휴대폰을 가져갔다가 고장을 내면 배상받을 수 있나요?

고의가 아니라 모르고 가져갔다면 물건을 들고 간 행위 자체는 법적으로 처벌하기 어렵습니다. 다만 수리 비용은 청구할 수 있습니다. 고의가 아니라고 해도 타인에게 손해를 입혔다면 배상을 해 줘야 합니다.

비가 내리는 어느 날, 지유는 학교 앞 분식점에서 친구들과 함께 김밥을 먹었어요.

"애들아, 나 피아노 학원 수업이 있어서 먼저 갈게."

"그래, 지유야! 내일 봐."

지유는 우산꽂이에 꽂혀 있는 우산을 들고 얼른 피아노 학원으로 갔어요.

그런데 다음 날, 현관 앞에 놓아 둔 우산을 보고 지유는 깜짝 놀랐어요.

"이게 어떻게 된 일이지? 내 우산이 아니잖아!"

그제야 지유는 자기가 실수했다는 사실을 깨달았어요.

"아차, 어제 분식점에서 다른 사람 우산을 들고 나왔구나."

지유는 허겁지겁 분식점으로 달려가 우산을 돌려줬어요.

"죄송해요, 제 우산인 줄 알고……. 주인이 오면 돌려주세요."

고의가 아닌 실수로 남의 물건을 들고 가는 경우가 있어요. 이 경우에는 대부분 법적 처벌은 받지 않아요. 일부러 물건을 훔친 게 아니니까요. 단, 남의 물건이라는 사실을 알고 나서도 돌려주지 않으면 '점유 이탈물 횡령죄'로 처벌받을 수 있어요. 그러니 실수를 알아차린 즉시 주인에게 물건을 돌려주고 정중히 사과하는 게 좋아요.

친구의 채팅을 훔쳐봐도 죄가 되나요?

비밀 침해죄

AI 생생 법률 채팅방

어떤 행위가 비밀 침해죄인지 알려 줘.

다른 사람의 이메일을 몰래 훔쳐보는 행위, 다른 사람의 SNS 계정에 몰래 접속하는 행위, 다른 사람 몰래 CCTV로 녹화하거나 대화를 녹음하는 행위, 다른 사람의 편지나 문서를 허락 없이 뜯어 보는 행위 등이 있습니다.

민서가 친구 은지와 스터디 카페에서 시험공부를 할 때였어요. 평소와 달리 은지 휴대폰에서 채팅 알람 소리가 시도 때도 없이 울렸어요. 알람이 울리면 은지는 곧바로 휴대폰을 확인했고요.

"누구야? 누구랑 그렇게 온종일 연락하는 거야?"

민서가 눈을 가늘게 뜨고 물었지만 은지는 아무것도 아니라며 고개를 저었어요. 잠시 후, 은지가 화장실에 다녀오겠다며 휴대폰을 놔둔 채 잠시 자리를 비웠어요.

'나 몰래 남친이라도 사귀나? 에잇, 모르겠다!'

호기심을 이기지 못한 민서는 은지 휴대폰을 집어 들었어요. 휴대폰에는 비밀번호가 걸려 있었어요.

"은지 생일이 6월 26일이니까, 혹시 비번이 0626 아닐까?"

순식간에 휴대폰 잠금이 해제됐어요. 민서는 얼른 채팅 창을 열어 봤어요. 바로 그때, 은지가 화장실에서 돌아왔어요.

"너 지금 내 채팅 몰래 훔쳐보는 거니? 그건 범죄 행위야!"

대한민국 헌법에는 "모든 국민은 사생활의 비밀과 자유를 침해받지 아니한다."라고 적혀 있으며, 이에 맞추어 형법에서도 개인의 사생활을 침해하는 행위를 범죄로 보고 있어요. 따라서 보안 장치를 몰래 해제까지 하면서 다른 사람의 사진, 이메일, 메신저 채팅 따위를 훔쳐보는 것은 '비밀 침해죄'에 해당해요. 그리고 몰래 본 내용을 허락 없이 공개하면 사안에 따라 '명예 훼손죄'가 성립될 수도 있어요.

그러므로 가족이나 아무리 가까운 친구여도 다른 사람의 사생활을 허락 없이 훔쳐보면 안 됩니다.

스쿨 존은
왜 생겨났을까요?

도로 교통법

AI 생생 법률 채팅방

스쿨 존에는 어떤 표시가 있니?

운전자가 스쿨 존에 진입했다는 걸 바로 알 수 있게끔 스쿨 존에는 여러 특별한 장치가 있습니다. 우선 스쿨 존 근처에는 '어린이 보호 구역'이라고 적힌 노란색 교통 표지판이 있습니다. 또한 횡단보도를 노란색으로 칠하고 도로 차선을 지그재그로 그려서 차들이 속도를 줄이게 합니다.

"얘들아, 안녕! 난 이쪽으로 갈게. 내일 봐!"

초등학교 3학년 은지가 친구들에게 인사한 뒤, 학교 앞 횡단보도를 건널 때였어요.

끼이익~!

소름 끼치는 브레이크 소리를 내며 승용차 한 대가 은지 쪽으로 다가왔어요. 곧이어 작게 '쿵' 하는 소리와 함께 은지가 그대로 승용차에 부딪히고 말았어요.

"애야, 괜찮니? 지금 바로 119를 부르마!"

은지는 곧장 병원으로 이송됐어요. 그나마 사고를 낸 차량이 브레이크를 밟고 있있던 덕분에 크게 다치지는 않았지만, 꼼짝없이 한 달 동안 입원 생활을 해야 했어요.

예전에는 초등학교 근처에서 교통사고가 많이 일어났어요. 어린이들은 몸집이 작아 운전자의 눈에 잘 띄지 않고, 주위를 잘 둘러보지 않고 급하게 행동하는 경우가 많기 때문이지요.

그래서 1995년, 교통사고 위험에서 어린이를 보호하기 위해 스쿨 존(공식 명칭은 '어린이 보호 구역') 제도가 도입되었어요. 스쿨 존은 유치원이나 초등학교 등 어린이가 많이 오가는 장소에 지정되며, 정문에서 300미터 이내의 도로 중 일정 구간이 보호 구역으로 지정돼요. 자동차는 스쿨 존 안에서 주차나 정차를 할 수 없고, 시속 30킬로미터 이내로 달려야 해요. 그리고 스쿨 존에는 과속 방지턱, 도로 반사경 등을 설치해야 한답니다.

학교 급식에도 법이 있다고요?

학교 급식법

AI 생생 법률 채팅방

 학교 급식을 먹고 배탈이 나면 누가 책임져야 해?

누구 과실인지에 따라 학교 또는 급식 업체가 처벌을 받습니다. 학교는 이러한 사고를 예방하기 위해 주기적으로 위생 상태를 검사받아야 합니다.

어느 날, 서울시 교육청 공무원들이 급히 회의를 열었어요.

"대한 초등학교에 다니는 자녀를 둔 학부모에게서 급식 관련 제보가 들어왔습니다."

"정확히 어떤 내용인가요?"

"부실 급식에 관한 제보입니다. 개학 이후 2주간 받은 급식 사진을 보내왔는데, 한눈에도 급식이 부실해 보입니다. 제보자에 따르면, 자신의 자녀는 편식을 하지 않고 입맛이 까다롭지도 않다고 합니다. 그런데 아이가 '배고프다', '급식 반찬이 너무 맛없다'라는 말을 자주 했다고 합니다."

담당 공무원은 제보자가 보낸 급식 사진들을 회의 참가자들에게 보여 주었어요. 반찬으로 나온 고기 튀김은 고기보다 튀김옷이 더 두꺼웠고, 생선은 말라비틀어져 있었어요. 국은 건더기가 거의 없었고 음식 양도 터무니없이 적었어요.

교육청 공무원들은 학교 급식법에 따라 곧장 대한 초등학교를 찾아가 급식 실태를 꼼꼼히 조사했어요.

'학교 급식법'은 1981년에 제정된 법률이에요. 이 법에 따르면 학교는 아이들의 몸과 마음을 건강하게 발달시키기 위해 영양가 있는 급식을 제공해야 해요.

이 법은 특히 위생과 영양을 강조하고 있어요. 그러므로 위생 상태가 나쁘거나 부실한 음식을 제공하는 것은 학교 급식법을 어기는 행위랍니다.

학원비도 돌려받을 수 있나요?

학원법

AI 생생 법률 채팅방

학원을 중간에 그만두면 학원비는 얼마나 돌려받을 수 있니?

교습 기간이 1개월 이내인 경우를 기준으로 말씀드리겠습니다.
- 교습 시작 전: 전액 환불
- 총 교습 시간의 1/3 경과 전: 이미 낸 교습비의 2/3 환불
- 총 교습 시간의 1/2 경과 전: 이미 낸 교습비의 1/2 환불
- 총 교습 시간의 1/2 경과 후: 돌려받지 못함

지우는 여름 방학이 시작되자마자 집 근처 수학 학원에 등록했어요. 그런데 며칠 뒤, 아빠가 휴가를 한 달이나 얻었지 뭐예요.

"여보, 우리 한 달 동안 외국에서 지내 보는 건 어때요?"

아빠가 묻자 엄마는 난처했어요.

"지우 학원은 어떻게 하고요? 수학 학원에 등록한 지 일주일밖에 안 됐단 말이에요."

"학원은 여행 다녀와서 다시 다니면 되죠."

"이미 학원비를 냈는데, 돌려받을 수 있을까요?"

이런 경우에는 어떻게 해야 할까요? 학원비를 포기해야 할까요?

다행히 학원비는 환불을 받을 수 있어요. '학원법'에 학원비 환불 규정이 정해져 있기 때문이에요. 피치 못할 사정이 생겨 학원을 그만두는 게 아니어도 학원비를 돌려받을 수 있답니다.

다만 수업 진행 정도에 따라 환불 금액이 달라지며, 수업을 절반 이상 들었다면 환불 받을 수 없는 경우가 많아요. 그리고 학원비를 환불 받으려면 수강증이나 학원비 납부 영수증이 있어야 해요.

만약 학원에서 정당한 이유 없이 학원비를 돌려주지 않을 때는 교육청이나 한국소비자원에 신고해 도움을 받을 수 있어요.

장애인은 꼭 따로 교육받아야 하나요?

특수 교육법

AI 생생 법률 채팅방

장애인을 위해 내가 할 수 있는 일이 뭐가 있을까?

첫째, 비장애인과 차별하지 않아야 합니다.
둘째, 비장애인과 다르게 보지 않아야 합니다.
셋째, 장애인이라고 정당한 이유 없이 불리하게 대하면 안 됩니다.

민범이는 태어날 때부터 청각 장애가 있었어요. 부모님은 민범이를 위해 귀 수술을 해 주고 보청기도 사 주었어요. 덕분에 민범이는 가까운 거리에서 나는 소리는 들을 수 있게 되었지요.

어느덧 민범이가 초등학교에 입학할 나이가 됐어요. 부모님은 고심한 끝에 민범이를 일반 초등학교에 입학시키기로 했어요. 민범이가 다른 아이들처럼 평범한 학창 시절을 보내길 바랐거든요.

그런데 민범이는 학교생활에 적응하기가 쉽지 않았어요. 특히 체육 시간이 되면 아이들은 민범이와 한 팀이 되는 것을 피했지요.

"민범이는 피하라는 소리도 잘 못 들어."

"맞아. 민범이는 그냥 빠졌으면 좋겠어."

이 모습을 보고 선생님이 말했어요.

"얘들아, 민범이도 함께 놀아야지. 그리고 장애를 이유로 수업에서 제외하는 건 불법이란다."

"네? 정말이에요?"

선생님 말은 사실이에요. 장애인도 비장애인과 같은 교육을 받을 권리가 있어요. '장애인 등에 대한 특수 교육법'에는 정당한 사유 없이 장애를 이유로 학생의 수업 또는 교내외 활동 참여를 막거나 차별하면 안 된다고 적혀 있답니다. 그리고 학교 책임자는 장애 학생이 학교생활을 원활히 해낼 수 있도록 보조 인력이나 장애인 시설, 각종 교구 등을 마련해 주어야 해요.

명문대를 나왔다고 거짓말한 과외 선생님은 죄가 있을까요?

문서 위조죄

AI 생생 법률 채팅방

증명서를 위조하지 않고 말로만 명문대를 나왔다고 속이는 것도 법을 어기는 걸까?

네, 명문대를 나왔다고 말로만 속이는 것도 법에 걸릴 수 있습니다. 만약 어떤 사람에게 자신이 명문대를 졸업했다고 거짓말을 했는데, 그로 인해 상대방이 잘못된 결정을 내리게 된다면 사기죄가 성립할 수 있습니다.

영화 〈기생충〉에 다음과 같은 장면이 나와요.

한 친구가 주인공 기우에게 부탁을 합니다.

"기우야, 나 대신 과외 수업 좀 해 주라. 내가 이번에 교환 학생으로 뽑혀서 외국에 가게 됐거든."

기우는 난처했어요. 친구는 명문대에 다니지만, 기우는 몇 년째 대학 입시에 낙방한 수험생이었기 때문이에요.

"대학도 안 다니는데 내가 어떻게 과외를 하냐?"

"에이, 대학 다닌다고 거짓말하면 되지. 대학교 재학 증명서는 포토샵으로 만들어서 내면 아무도 모를 거야. 과외비도 엄청 많이 줘."

친구의 제안에 솔깃해진 기우는 명문대 재학 증명서를 위조했어요. 그리고 가짜 증명서를 이용해 과외 선생님이 되었지요.

기우처럼 증명서를 위조하는 행위는 '문서 위조죄'에 해당해요. 그런데 위조한 증명서의 대학이 국립 대학교인지 사립 대학교인지에 따라 처벌 수위가 달라져요. 국립 대학교의 재학 증명서를 위조하면 공문서를 위조한 것이 되어 '공문서 위조죄'로 처벌받아요. 반면에 사립 대학교의 재학 증명서를 위조하면 '사문서 위조죄'가 된답니다. 공문서 위조죄는 사문서 위조죄보다 처벌이 더 무거워요.

그리고 위조한 문서로 상대방을 속여 재산상의 이익을 얻었다면 '사기죄'가 성립될 수도 있습니다.

3장
집이나 길에서 만나는 법

엄마에게 맡긴 세뱃돈, 돌려받을 수 있을까요?

미성년자의 재산에 관한 권리

AI 생생 법률 채팅방

> 세뱃돈을 내 통장에 직접 모으고 싶은데, 언제부터 통장을 만들 수 있어?

> 만 14세 이상은 부모님 동의 없이도 통장을 만들 수 있습니다. 그러나 만 14세 미만이라면 가족 관계 증명서, 본인 명의의 도장, 부모님 신분증 등을 가지고 부모님과 함께 은행을 방문해야만 자기 명의의 통장을 개설할 수 있습니다.

현진이는 1년에 한 번 돌아오는 설날을 손꼽아 기다렸어요.

"세뱃돈 받으면 블루투스 이어폰을 사야지."

그런데 세뱃돈을 받자마자 엄마가 말했어요.

"현진아, 세뱃돈은 엄마한테 맡기렴."

"왜요?"

"액수가 너무 크잖니. 초등학생이 돈을 많이 가지고 있으면 위험하니까 엄마한테 맡겨 놔."

"엄마, 갖고 싶은 이어폰이 있는데 세뱃돈으로 사면 안 돼요?"

"그건 초등학생이 쓰기엔 너무 비싸. 중학생 되면 사 줄게."

"힝, 전 지금 갖고 싶은데……. 그런데 엄마, 제가 지금까지 맡긴 세뱃돈은 나중에 다 돌려주실 거죠?"

"흠흠……. 글쎄다."

엄마는 현진이의 시선을 피했어요. 과연 현진이는 나중에 엄마에게서 세뱃돈을 돌려받을 수 있을까요?

민법에 따르면 미성년자가 법적 행위를 하려면 보호자의 허락을 받아야 해요. 자산 관리 또한 법적 행위라고 볼 수 있는데, 보호자는 미성년자의 자산을 대신 관리할 수 있어요.

만약 보호자가 자녀를 양육하는 데 세뱃돈을 모두 썼다고 해도 법적으로는 문제가 되지 않아요. 그렇지만 가족 간의 신뢰에 문제가 생길 수 있으니, 나중에 세뱃돈을 꼭 돌려받고 싶다면 부모님과 분명하게 상의해 두는 편이 좋겠지요?

길에 떨어진 지갑을 줍는 게 죄가 된다고요?

점유 이탈물 횡령죄

AI 생생 법률 채팅방

돈을 주워 주인에게 돌려주면 보상금을 받을 수 있니?

네, 받을 수 있습니다. 주운 돈을 경찰서에 맡기면 6개월 동안 돈의 주인을 찾습니다. 이때 주인이 나타나면 신고인은 주인에게서 원금의 5~20%에 해당하는 금액을 보상금으로 받을 수 있습니다. 만약 6개월이 지나도 주인이 나타나지 않으면 그 돈은 주운 사람에게 돌아갑니다.

방과 후, 상후와 대범이는 집으로 가다가 지갑을 주웠어요. 지갑을 열어 본 상후는 깜짝 놀랐어요.

"우아, 돈이 엄청 많이 들어 있어! 난 역시 운이 좋아."

하지만 대범이는 양심에 걸렸어요.

"상후야, 그 지갑 주인에게 돌려주자. 우리는 지금 법을 어기고 있는지도 몰라."

"무슨 소리야? 먼저 주운 사람이 임자지."

상후는 대범이의 말을 무시하고 지갑을 주머니에 넣었어요.

그런데 그날 저녁, 상후는 대범이의 말이 자꾸 마음에 걸렸어요. 그래서 대학생인 삼촌에게 슬쩍 물어봤어요.

"삼촌, 주운 지갑을 안 돌려주면 법을 어기는 거야?"

"당연하지. 길에서 주운 돈은 주인에게 돌아갈 수 있도록 반드시 경찰서에 가져다줘야 해."

이튿날이 되자 상후는 주운 지갑을 들고 경찰서로 달려갔어요. 지갑을 맡기고 경찰서 문을 나서니 상후는 마음이 뿌듯했어요.

다른 사람이 잃어버린 물건이나 돈을 돌려주지 않고 자기가 쓰면 안 돼요. 함부로 썼다가는 '점유 이탈물 횡령죄'로 처벌받을 수 있어요. 그러므로 분실물을 주우면 꼭 경찰서에 가져다줘야 해요.

창문 밖으로 물건을 던지는 것도 범죄 행위예요

경범죄 처벌법

AI 생생 법률 채팅방

실수로 창문 밖으로 물건을 떨어뜨려도 벌을 받니?

실수로 떨어뜨린 것이 확실하고 피해가 없다면 처벌받지 않습니다. 그러나 그 물건 때문에 사람이 다쳤다면 과실 치상죄로 처벌받을 수 있습니다.

어느 주말, 준수가 집에서 장난감 활을 쏘며 놀고 있었어요. 그런데 준수 표정에는 아쉬움이 가득했어요.

"활을 더 멀리 쏘고 싶은데 집이 좁아. 좋은 수가 없을까?"

궁리하던 준수는 빌라 옥상으로 올라갔어요. 그러고는 맞은편 빌라 화단에 심어진 나무 한 그루를 유심히 내려다보았지요.

"좋았어! 이 활로 저 나무를 맞혀 보자."

준수는 곧바로 화살을 날렸어요. 그런데 화살이 화단 옆을 지나가던 어느 아저씨의 발아래에 떨어졌지 뭐예요. 그 아저씨는 화가 나서 빌라 옥상으로 올라와 준수를 호되게 꾸짖었어요.

"네가 이 장난감 활을 날렸지? 옥상에서 함부로 물건을 던지면 어떡하니? 이건 범죄 행위란다."

아저씨 말은 사실이에요. 다른 사람에게 피해를 끼칠 우려가 있는 장소에서 조심성 없이 창문 밖으로 물건을 던지면 '경범죄 처벌법'에 따라 벌을 받을 수 있습니다. 만약 내가 던진 물건에 사람이 다친다면 '상해죄'나 '과실 치상죄'가 적용되어 더 큰 처벌을 받을 수도 있어요.

미성년자가 물건을 던진 경우에도 소년법에 따라 보호 처분을 받거나 부모가 손해 배상을 해야 할 수 있으니, 건물 밖으로 함부로 물건을 던지면 절대 안 돼요.

육교 근처에서 무단 횡단을 하면 벌금을 더 낸다고요?

도로 교통법

AI 생생 법률 채팅방

자전거를 타고 횡단보도를 건너도 되니?

아니요. 횡단보도를 건널 때는 자전거에서 내려 자전거를 끌고 지나가야 합니다. 단, '자전거 횡단도'에서는 자전거를 탄 채로 이동할 수 있습니다.

"야호! 오늘부터 방학이다! 얼른 집에 가서 놀아야지."

찬수는 학교가 끝나자마자 부리나케 교문을 나섰어요. 얼마 뒤, 늘 이용하는 육교가 보였어요.

'오늘은 가방이 무거워서 육교 계단을 오르내리기가 힘든데, 도로에 차도 별로 없으니 그냥 육교 밑으로 건널까?'

찬수는 차가 한 대도 지나가지 않을 때를 노려 재빨리 육교 아래 도로로 뛰어 들어갔어요.

도로를 막 건넜을 때, 누가 찬수의 팔을 낚아챘어요. 바로 교통경찰 아저씨였어요.

"이 녀석! 육교 근처에서 무단 횡단을 했으니 노로 교통법에 따라 범칙금 3만 원을 내야 한다."

범칙금을 내야 한다는 말에 찬수는 손이 발이 되도록 빌었어요. 경찰 아저씨는 엄한 목소리로 찬수에게 주의를 주었어요.

"사실 넌 어린이여서 범칙금을 내지 않아도 된단다. 하지만 다음에 또 이러면 진짜 크게 혼낼 거다. 알겠니?"

"네! 앞으로는 절대 그러지 않을게요!"

'도로 교통법'은 차와 사람이 안전하게 도로를 이용하게끔 도우려고 만들어진 법이에요. 도로 교통법에 따르면 무단 횡단을 한 사람은 범칙금 2만 원을 내야 해요. 그리고 육교나 지하도가 설치된 도로에서 이를 이용하지 않고 무단 횡단을 하면 3만 원의 범칙금을 내야 한답니다.

이름이 마음에 들지 않으면 바꿀 수 있나요?

개명에 관한 판례

AI 생생 법률 채팅방

어떤 경우에 개명을 신청할 수 있는지 알려 줘.

이름 때문에 놀림을 받는 경우, 이름이 성별에 어울리지 않는 경우, 사주가 좋지 않은 경우, 출생 신고를 할 때 이름을 잘못 기재한 경우, 집에서 부르는 이름과 사회에서 사용하는 이름이 달라 혼동이 있는 경우 등에는 개명을 신청할 수 있습니다.

초등학생 빛나리에게는 큰 고민이 있어요. 친구들이 빛나리라는 이름을 가지고 자꾸 놀렸거든요. 빛나리가 지나갈 때면 친구들은 큰 소리로 외쳤어요.

"와! 번쩍이가 지나가니까 복도가 환해진다!"

그러지 말라고 부탁했지만 아이들은 아주 잠깐만 조심할 뿐, 소용이 없었어요. 틈만 나면 빛나리를 자꾸 놀려 댔지요.

빛나리는 부모님에게 이름을 바꿔 달라며 엉엉 울었어요.

"저는 제 이름이 싫어요! 평범한 이름으로 바꾸고 싶어요."

"우리 딸, 많이 속상했구나. 그렇지만 네 이름이 얼마나 예쁜데 그래? 몇 날 며칠을 고민해서 지은 거란다."

엄마 아빠가 열심히 달랬지만 빛나리는 뜻을 굽히지 않았어요. 드디어 빛나리는 부모님과 함께 법원에 가서 개명 신청서를 작성했어요. 얼마 뒤, 빛나리는 '은정'이라는 새로운 이름을 얻었답니다.

2000년대 초까지만 해도 이름을 바꾸기가 쉽지 않았어요. 사회적인 혼란이 생길 수 있다는 이유로 쉽게 허가해 주지 않았지요. 그러나 2005년, 대법원의 판례 덕분에 이런 분위기가 크게 바뀌었어요. 대법원에서 개인의 이름에 대한 행복 추구권과 인격권, 자기 결정권이 중요하다고 판결을 내렸거든요. 그래서 이제는 이름을 바꾸기가 쉬워졌습니다.

물론 개명을 신청한다고 해서 모두 통과되는 것은 아니에요. 이름을 바꾸려는 사유가 정당해야 하고, 범죄 사실 은폐와 같은 불순한 의도로 개명을 신청하면 받아들여지지 않는답니다.

성을 엄마 성으로 바꿀 수 있나요?

호주제

AI 생생 법률 채팅방

 다른 나라에서는 자녀의 성씨를 어떻게 정하나요?

다른 나라에서도 대부분 아버지의 성씨를 물려받습니다. 그러나 미국이나 영국에서는 한국에서처럼 어머니의 성을 따를 수 있습니다. 스페인과 이탈리아에서는 부모의 성 두 개를 받기도 합니다.

어느 날, 대학생 아영 씨가 부모님에게 고민을 털어놓았어요.

"저, 엄마 성으로 바꾸고 싶어요."

아영 씨 말에 부모님은 크게 놀랐어요. 아영 씨는 자신의 뜻을 차분히 전했어요.

"앞으로는 팽아영 말고 정아영으로 살고 싶어요. 성이 특이해서 곤란한 경우가 많았던 거, 두 분도 잘 아시잖아요. 이제라도 평범한 이름으로 살고 싶으니 제발 이해해 주세요."

"그런 생각을 하고 있었구나……. 알았다."

먼저 고개를 끄덕인 사람은 아빠였어요. 곧이어 엄마도 성을 바꾸는 것을 허락했지요.

며칠 뒤에 아영 씨네 가족은 함께 법원을 방문해 '성·본 변경 신청서'를 제출했어요. 그리고 몇 달 후, 아영 씨는 드디어 엄마의 성을 따르게 되었답니다.

예전에는 '호주제'에 의해 자녀는 반드시 아버지의 성을 따라야 했어요. 호주제는 한 집안의 가장인 '호주'를 중심으로 가족 구성원들의 출생, 혼인, 사망 등을 기록하는 제도예요. 호주는 주로 남자의 역할이었지요.

그러나 2008년에 호주제가 폐지된 후로 어머니 성을 따를 수 있게 되었어요. 법원에 성·본 변경을 신청하면 어머니의 성으로 바꿀 수 있지요. 만약 자녀가 태어날 때부터 어머니 성을 따르게 하고 싶다면, 부부가 혼인 신고를 할 때 신청하면 됩니다.

아동 학대는 법으로 금지되어 있어요

아동 학대 처벌법

AI 생생 법률 채팅방

아동 학대가 무엇인지 정확히 알려 줘.

성인이 만 18세 미만의 아동에게 신체적·정신적·성적 폭력을 가하거나, 아동을 돌보지 않고 유기·방임하는 것을 '아동 학대'라고 합니다. 폭언, 모욕, 아이를 돌보지 않고 내버려 두는 행위, 신체적 폭력 등이 모두 아동 학대에 해당합니다.

철준이가 방에서 숙제를 하고 있을 때였어요. 갑자기 옆집에서 고함 소리가 들려왔어요.

"이 녀석! 집 안 꼴이 이게 뭐야? 아빠한테 맞고 싶어?"

잠시 뒤에는 뭐가 와장창 깨지는 소리와 함께 민우의 울음소리가 들렸어요.

옆집 민우는 아빠와 단둘이 살고 있어요. 민우 아빠는 술만 마시면 고래고래 소리 지르며 집 안을 발칵 뒤집어 놓곤 했어요. 화를 주체하지 못하는 날에는 민우를 때리기까지 했고요.

"이대로 놔두면 안 되겠다. 이건 분명 아동 학대야."

철준이 아빠는 112에 전화를 걸었어요.

"저희 옆집에서 아동 학대가 일어나는 것 같으니 빨리 좀 와 주세요. 여기 주소는……."

잠시 후, 옆집에 경찰이 도착했고 곧이어 민우 아빠의 격앙된 목소리가 들렸어요.

"뭐, 아동 학대? 내가 내 아들 훈육하는데 경찰이 왜 참견이야?"

과연 부모가 자식을 자기 마음대로 때려도 되는 걸까요?

부모라 할지라도 자녀를 때리면 처벌받을 수 있습니다. 아동 학대가 성립할 수 있기 때문이지요.

아동 학대를 당한 피해자들은 어른이 되어서도 평생 후유증에 시달려요. 그래서 아동 학대를 미리 방지하고 아이들이 건강하게 자랄 수 있는 사회를 만들기 위해 '아동 학대 처벌법'이 제정됐답니다.

강아지를 길에 버리는 게 불법이라고요?

동물 보호법

AI 생생 법률 채팅방

다른 사람이 동물을 학대하는 영상을 인터넷에 공유한 사람도 벌을 받을까?

네. 동물을 직접 학대하지 않았더라도, 다른 사람이 동물을 학대하는 사진이나 영상을 인터넷에 올리면 벌을 받습니다. 다만 공익이나 제보를 목적으로 그 영상을 올렸다면 처벌받지 않습니다.

윤우는 아빠 차를 타고 강원도로 가족 여행을 떠났어요. 그런데 앞에 가던 차가 갑자기 도로 한복판에서 멈춰 섰어요.

"왜 저러지?"

아빠 말에 윤우가 앞차를 살펴봤어요. 그때 차 주인이 차 문을 열고 나오더니 강아지를 도로에 버리는 게 아니겠어요? 강아지는 떨어지지 않으려고 주인 발에 대롱대롱 매달렸어요. 그러나 주인은 강아지를 억지로 떼어 놓고 서둘러 차에 탔어요.

"아니, 저 사람 지금 뭐 하는 짓이야?"

"아빠, 우선 강아지부터 구해야겠어요!"

아빠와 윤우는 얼른 차에서 내려 강아지를 데려왔어요. 윤우는 강아지를 진정시키면서 화난 목소리로 말했어요.

"강아지를 길에 버리고 도망친 그 사람 신고해요."

아빠는 가까운 경찰서로 가서 강아지를 내버린 사람을 신고하고, 블랙박스 영상을 증거로 제출했어요.

반려동물을 함부로 내다 버리면 '동물 보호법'에 따라 처벌을 받을 수 있어요. 동물 보호법은 동물의 생명과 안전을 보호하기 위해 1991년에 만들어진 법이에요. 이 법에 따르면 반려동물을 키우다 유기하면 300만 원 이하의 벌금을 내야 해요.

요즘에는 반려동물을 키우는 사람들이 많아지면서 동물 복지에 나날이 관심이 높아지고 있어요. 그에 따라 동물 보호법도 점점 엄격해지는 추세예요.

길을 가다 맨홀에 빠지면 누가 책임지나요?

국가 배상법

AI 생생 법률 채팅방

국가 배상법이 적용되는 경우를 알려 줘.

정부나 공공 기관이 잘못해서 국민이 손해를 입으면 국가나 지방 자치 단체 등에 손해 배상을 청구할 수 있습니다. 예를 들어 도로 등의 관리 소홀로 인한 피해, 부당한 세금 징수, 군 사격장 소음 피해, 억울하게 옥살이를 한 경우 등에 국가 배상법이 적용됩니다.

성호 씨는 밤에 친구와 산책을 즐기고 있었어요.

"으악!"

짧은 비명과 함께 갑자기 성호 씨가 앞으로 고꾸라졌어요. 친구는 재빨리 성호 씨를 살펴보았어요.

"괜찮아? 어쩌다 넘어진 거야?"

"으으, 맨홀 뚜껑이 조금 열려 있었어. 낮에 보니까 맨홀 공사 중인 것 같던데, 뚜껑을 제대로 안 닫고 퇴근했나 봐."

"뭐? 공사 중이면 조명등이나 표지판 같은 걸로 표시를 해 놔야 하는데, 그런 게 없으니까 이렇게 사고가 나지!"

친구의 말처럼 맨홀 주변에는 아무 표시도 없었어요. 친구는 맨홀 틈새에 빠진 성호 씨의 왼쪽 발을 조심스레 빼냈어요. 발목이 벌써 퉁퉁 부어 있었어요.

"어휴, 엄청 아프겠다. 잠깐만 기다려. 바로 구급차 부를게."

성호 씨는 곧장 병원으로 이송되어 전치 8주 진단을 받았어요. 성호 씨는 깁스한 다리를 보며 울분을 터뜨렸어요.

"이건 시에서 맨홀을 똑바로 관리하지 않아 생긴 일이니, 시에 손해 배상을 청구하겠어!"

이처럼 공공시설의 설치에 문제가 있거나 제대로 관리하지 않아 국민이 사고를 당하면 '국가 배상법'에 따라 국가에 손해 배상을 요구할 수 있어요. 이런 경우에는 국가나 시에서 피해자에게 합당한 배상을 해 주어야 한답니다.

문화유산에 낙서를 하면 어떤 벌을 받나요?

문화유산법

AI 생생 법률 채팅방

길에 낙서를 해도 법을 어기는 걸까?

네, 그렇습니다. 담벼락, 전봇대, 타인이 소유한 건물, 공공 시설물 등에 허가 없이 낙서를 하면 재물 손괴죄로 처벌받을 수 있습니다. 건물 벽, 전철 등에 스프레이 페인트로 그림을 그리는 '그래피티 아트'도 허용된 장소에서만 해야 합니다.

2023년 12월 어느 날, 경복궁 영추문 앞을 지나가던 시민들은 깜짝 놀라며 발걸음을 멈췄어요.

"아니, 이게 무슨 일이래?"

"도대체 누가 이런 짓을……."

시민들의 탄식이 향한 곳은 영추문 담장이었어요. 단아하던 담장이 스프레이 자국으로 아주 엉망이 되어 있었어요.

"대체 누가 경복궁에 낙서를 했대요?"

"당장 범인을 잡아야 합니다!"

신고를 받은 경찰은 주변 CCTV를 샅샅이 뒤지며 범인을 찾았어요. 범인은 바로 10대 후반의 청소년들이었어요. 그들은 주요 문화유산에 낙서를 하면 돈을 주겠다는 어떤 사람의 부탁을 받고 범행을 저질렀다고 자백했어요.

이렇게 문화유산에 낙서를 하면 과연 어떤 벌을 받을까요?

문화유산을 훼손하면 '문화유산법'에 따라 처벌을 받아요. 그리고 문화유산을 본래 상태로 복구하는 데 드는 비용을 배상해야 할 수도 있어요.

단, 위 사례의 낙서범들처럼 소년범일 때는 기본적으로 소년법에 따라 처벌을 받아요. 또한 손해 배상 비용을 지불할 능력이 없기 때문에 그 부모에게 대신 배상을 청구하게 됩니다. 참고로, 경복궁 영추문의 낙서를 지우는 데 들어간 비용은 1억 원이 넘었다고 해요.

왜 가게에서 음악을 함부로 틀면 안 되나요?

저작권법

AI 생생 법률 채팅방

 가게에서 노래를 틀려면 저작권료를 얼마나 내야 해?

월 저작권료는 최소 4천 원부터 최대 6만 원까지로, 가게 규모와 업종에 따라 달라집니다. 이처럼 가게에서 내야 하는 저작권료는 그리 많은 금액이 아니기 때문에 큰 부담 없이 노래를 틀 수 있습니다.

선재 씨는 호프집을 운영해요. 손님이 많아 힘들 때도 있지만, 선재 씨에게는 고된 순간을 잊게 해 주는 즐거움이 있어요. 바로 가게에 틀어 놓는 음악이에요.

  "노래를 들으면 나는 힘이 나고, 손님들은 신이 나고!"

  선재 씨는 박자에 맞춰 힘차게 물걸레질을 했어요.

  그때, 손님 한 명이 들어왔어요. 손님은 빈자리에 앉아 메뉴판을 보고 나서 선재 씨를 불렀어요.

  "양념 치킨 세트 주세요. 그런데 여기 노래, 선곡이 참 좋네요."

  "하하, 고맙습니다. 제가 좋아하는 곡들이에요."

  "혹시나 해서 여쭤보는데, 저작권료는 내고 계시죠? 이런 데서 음악을 틀려면 내야 하잖아요. 제가 저작권 협회에서 일하기 때문에 저작권에 관심이 좀 많거든요."

  전혀 몰랐던 사실에 선재 씨는 가슴이 철렁 내려앉았어요.

  카페, 호프집, 헬스클럽, 대형 마트 등 특정 업종 매장에서 음악을 틀려면 저작권료를 내야 해요. 이를 어기면 '저작권법'에 따라 처벌을 받아요. 다만 규모가 50제곱미터 미만인 매장은 저작권료를 내지 않아도 될 가능성이 커요.

  그런데 이미 음악 사용료를 냈는데, 왜 또 돈을 내야 하느냐고요? 가게 주인이 음악 사용료를 낸 것은 개인적으로 듣기 위한 값을 치른 것이기 때문에 손님이 음악을 듣는 것과는 별개예요. 따라서 손님들에게도 노래를 들려주고자 한다면 저작권료를 추가로 내야 해요.

층간 소음 문제로 다툼이 생기면 어떻게 해야 할까요?

공동 주택 관리법

AI 생생 법률 채팅방

 화장실 물소리도 층간 소음으로 신고할 수 있니?

아니요. 욕실, 화장실 등에서 급수, 배수 때문에 생기는 소음은 법으로 정한 층간 소음에서 제외됩니다. 뛰거나 걷는 동작 등으로 발생하는 '직접 충격 소음'과 텔레비전, 음향 기기 등에서 발생하는 '공기 전달 소음'만 층간 소음으로 인정됩니다.

우당탕탕! 쿵쿵! 쾅쾅쾅!

"어휴……. 오늘도 윗집 꼬마들이 신나게 뛰어노나 보네."

천장에서 들리는 소음에 민형이가 한숨을 내쉬었어요. 최근 윗집 가족이 이사 온 뒤로 날마다 반복되는 일상이었어요.

민형이는 엄마에게 하소연했어요.

"엄마, 수능이 코앞인데 윗집 때문에 공부를 못 하겠어요."

"그러게……. 엄마가 윗집에 한번 말해 볼까?"

엄마는 위층으로 올라가 정중히 사정을 말하며 조금만 조용히 해 달라고 부탁했어요. 그런데 윗집 주인은 오히려 짜증을 냈어요.

"그 집 아들이 수험생인 건 그 집 사정이죠! 그리고 애들 있는 집에서 소리가 좀 날 수도 있지, 뭘 그렇게 따져요?"

윗집 주인의 뻔뻔한 태도에 엄마는 할 말을 잃고 말았어요.

층간 소음 문제는 아파트 같은 공동 주택에 사는 사람들 사이에서 자주 일어나요.

'공동 주택 관리법'에는 이러한 층간 소음을 해결하는 방법이 나와 있어요. 층간 소음이 발생하면 직접 찾아가기보다 먼저 주택 관리자에게 상황을 알리고, 조치를 취해 줄 것을 부탁해야 해요. 당사자끼리 다투다가 갈등이 심해져 폭력 사태로 번지는 경우도 많거든요. 그렇지만 층간 소음이 너무 심하면 경찰에 신고할 수 있습니다. 기준치 이상의 소음을 낸 사람은 경범죄 처벌법에 따라 10만 원 이하의 벌금을 내야 할 수도 있어요.

택배로 받은 물건이 망가졌어요

택배 표준 약관

AI 생생 법률 채팅방

아무리 비싼 물건도 택배사 잘못으로 파손되면 배상을 받을 수 있니?

온전히 택배사 잘못으로 물건이 파손됐다면 배상받을 수 있습니다. 그러나 택배사에 따라 보상 한도나 절차가 다를 수 있으니, 만약 비싼 물건을 택배로 받거나 보내야 한다면 택배사 고객 센터에 미리 문의하는 게 좋습니다.

성주 씨는 카메라를 판매하는 인터넷 쇼핑몰을 운영하고 있어요. 어느 날, 200만 원짜리 값비싼 카메라가 팔려 성주 씨는 기분이 무척 좋았어요. 그런데 며칠 뒤에 항의 전화가 걸려 왔어요.

"택배 상자가 엉망으로 파손되어 있었습니다. 안에 든 카메라도 고장 나 있었고요. 당장 환불해 주세요."

"정말 죄송합니다, 고객님. 바로 환불해 드릴게요."

전화를 끊고 성주 씨는 물건을 발송하던 날을 찬찬히 떠올려 봤어요. 비싼 물건이라 택배를 보내기 전에 카메라의 상태를 여러 번 확인했고, 포장에도 더욱 신경 썼던 것이 기억났어요.

'배송하는 과정에서 카메라가 망가진 게 분명해!'

성주 씨는 바로 택배 회사에 전화했어요.

"택배 회사 실수로 물건이 망가졌습니다. 카메라 값 200만 원을 배상해 주세요."

얼마 뒤, 성주 씨는 택배 회사에서 배상을 받았어요. 그런데 200만 원이 아니라 50만 원만 배상받았지요. 왜 그럴까요?

'택배 표준 약관'에 따르면, 택배 회사의 실수로 물건이 파손된 경우에는 배상을 받을 수 있어요. 단, 물건의 금액을 운송장에 기재하지 않으면 손해 배상 한도액인 50만 원까지만 받을 수 있답니다.

성주 씨는 운송장에 카메라의 금액을 적지 않았기 때문에 전액을 배상받지 못한 거예요. 그러므로 값비싼 물건을 택배로 보낼 때는 운송장에 반드시 가격을 적어야 해요.

결혼식이 중요할까요, 혼인 신고가 중요할까요?

가족 관계 등록법

AI 생생 법률 채팅방

 혼인 신고는 몇 살부터 할 수 있어?

만 18세부터 혼인 신고를 할 수 있습니다. 단, 만 19세 미만이면 보호자의 동의가 필요합니다. 혼인 신고는 인터넷 접수가 불가능하기 때문에 시청 또는 구청 등을 직접 방문하거나 우편 접수를 해야 합니다. 그리고 신고할 때 증인 두 명의 서명이 꼭 필요합니다.

민식이네 집은 형편이 넉넉하지 않아요. 그렇지만 민식이는 사이좋은 부모님 밑에서 행복하게 자랐어요.

그런데 어느 날, 부모님한테서 충격적인 이야기를 들었어요.

"민식아, 엄마랑 아빠가 다음 달에 결혼식을 올릴 거란다."

부모님의 결혼식이라니, 민식이는 혼란스러웠어요.

"서, 설마 엄마 아빠는 그동안 부부가 아니었던 거예요? 그럼 전 어떻게 태어난 거예요?"

엄마가 '풋' 하며 웃음을 터뜨렸어요.

"엄마 아빠가 결혼할 때 형편이 어려워서 결혼식은 하지 않았지만 혼인 신고는 했단다. 그러니까 우리는 법적으로 엄연한 부부야."

엄마 말에 민식이는 고개를 갸웃거렸어요. 정말 결혼식을 올리지 않아도 부부가 될 수 있는 걸까요?

엄마의 말은 사실이에요. 결혼을 법률 용어로 '혼인'이라고 하는데, 결혼식을 올렸다고 해서 법적으로 혼인했다고 보지는 않아요. '혼인 신고'를 해야 혼인 관계가 성립하지요. 따라서 결혼식을 올렸는지보다는 혼인 신고를 했는지가 중요하답니다.

그러나 혼인 신고를 하지 않아도 부부로 인정받는 경우가 있어요. 이를 '사실혼'이라고 합니다. 사실혼은 혼인 신고는 하지 않았지만 양쪽 당사자가 합의하여 부부로서 생활한 경우를 뜻해요. 다만 사실혼 관계를 법적으로 증명하려면 몹시 까다로울 수 있어요.

유언을 녹음으로 남겨도 되나요?

녹음에 의한 유언

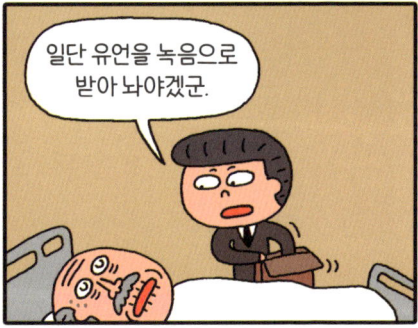
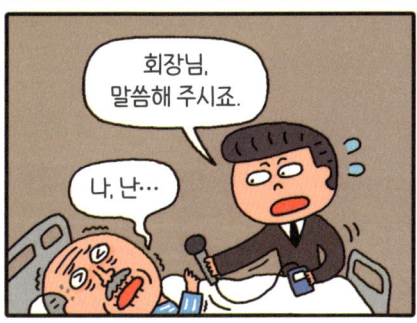

AI 생생 법률 채팅방

몇 살부터 유언을 남길 수 있니?

만 17세 이상이면 유언을 남길 수 있습니다. 유언을 남길 때는 자필 증서, 녹음, 공정 증서 등의 방식을 사용하며, 유언자가 살아 있는 동안에는 언제든지 유언 내용을 바꿀 수 있습니다. 단, 유언자가 의사 능력이 없으면 유언을 남겨도 그 효력이 인정되지 않을 수 있습니다.

몇 달 전, 장수 씨의 아버지가 노환으로 돌아가셨어요. 장수 씨는 그리운 마음이 들 때면 아버지가 홀로 살던 집을 찾아갔어요. 아버지는 돌아가셨지만 그 집에 담긴 추억만큼은 생생했지요.

그러던 어느 날, 여느 때처럼 아버지 집을 정리하려고 나선 장수 씨 앞에 낯선 사람들이 나타났어요.

"저희는 기부 단체에서 나왔습니다. 아버님께서는 생전에 본인이 사시던 집을 저희 단체에 기부하겠다는 유언을 남기셨습니다."

날벼락 같은 말에 장수 씨는 어안이 벙벙했어요.

"그게 무슨 소리죠? 유언장에는 그런 말이 없었는데요."

"녹음을 통해 유언하셨습니다. 들어 보시겠어요?"

녹음기를 틀자 귀에 익은 아버지의 목소리가 들렸어요. 기부 단체 사람들이 한 말은 사실이었어요. 그렇지만 장수 씨는 소중한 아버지의 집을 기부 단체에 넘길 수 없어 변호사를 찾아갔어요. 법은 장수 씨의 손을 들어 주었어요.

장수 씨는 어떻게 아버지의 집을 지킬 수 있었을까요? 바로 아버지의 유언이 제대로 된 형식을 갖추지 못했기 때문이에요.

본래는 녹음도 유언으로 인정받을 수 있어요. 단, 민법이 정한 일정한 형식을 갖추어야 하지요. 우선 유언자는 녹음한 날짜, 자기 이름, 유언의 취지를 말해야 합니다. 한 명 이상의 증인도 반드시 필요해요. 이때 증인은 자신의 인적 사항과 함께 유언의 내용이 정확하다는 사실을 녹음해야 합니다. 이런 형식을 따르지 않으면 녹음으로 남긴 유언은 법적인 효력을 인정받지 못해요.

쓰레기 종량제는 왜 만들었을까요?

폐기물 관리법

AI 생생 법률 채팅방

쓰레기 종량제에 관해 더 자세히 알려 줘.

우리나라 대부분 지역에서는 쓰레기를 쓰레기 종량제 봉투에 담아 배출합니다. 쓰레기 종량제 봉투는 지정된 장소에서만 구입할 수 있고, 지역마다 종량제 봉투가 다르기 때문에 원칙적으로는 다른 지역의 종량제 봉투를 사용할 수 없습니다. 그러나 세부 규정은 지역마다 다를 수 있습니다.

예전에는 재산의 정도에 따라 정해 둔 쓰레기 처리 비용을 냈어요. 실제로 버리는 양이 얼마나 되든 쓰레기 처리 비용은 똑같았지요.

"아유, 갈수록 골목에 쓰레기가 많아지네."

"음식물 쓰레기는 말할 것도 없고, 분리배출을 하지 않고 마구 내다 버려서 치우기가 너무 힘들어."

환경미화원들의 고생은 이만저만이 아니었어요.

어느 날, 아무렇게나 쌓인 쓰레기 더미를 본 환경미화원이 주민에게 따져 물었어요.

"이런 식으로 쓰레기를 버리시면 어떡해요? 재활용품은 분리배출 좀 해 주세요."

"뭐라고요? 난 쓰레기 처리비를 꼬박꼬박 내고 있다고요! 그러니까 내 마음대로 버릴 수 있는 거 아닌가요?"

사람들의 생각이 이렇다 보니 쓰레기 배출량이 걷잡을 수 없이 늘어났어요. 이 문제를 해결하기 위해 1994년에 '쓰레기 종량제'가 생겨났어요. 쓰레기 종량제란 자기가 버린 만큼 쓰레기 처리 비용을 내는 제도예요.

이듬해에 쓰레기 종량제가 전국적으로 실시되면서부터 사람들은 쓰레기를 조금이라도 적게 버리려고 노력했어요. 더불어 재활용품을 더 적극적으로 분리배출했지요. 재활용품이라는 '자원'이 늘어났으니 경제적으로 이득이 생긴 것은 물론, 쓰레기가 줄어들어 환경 보호 측면에서도 좋은 결과를 낳았답니다. 쓰레기 종량제는 '폐기물 관리법'에 명시되어 있어요.

4장
일상생활에서 만나는 법

잘못 받은 거스름돈을 그냥 가지면 죄가 된다고요?

점유 이탈물 횡령죄

AI 생생 법률 채팅방

거스름돈을 잘못 받았다는 사실을 몰랐다면 어떻게 되니?

거스름돈을 잘못 받았는데 더 많이 받은 것을 알지 못했다면 죄가 성립되지 않습니다. 거스름돈을 더 많이 받았다는 사실을 알고도 돌려주지 않아야 죄가 성립됩니다.

송이는 엄마 심부름으로 슈퍼마켓에서 우유와 두부를 샀어요. 전부 8,500원이어서 계산대에 10,000원을 냈어요.

"오늘은 송이가 장을 보러 왔구나. 자, 여기 거스름돈."

송이는 거스름돈을 받아 주머니에 넣고 집으로 돌아왔어요. 그런데 집에 와서 확인해 봤더니 슈퍼마켓 사장님이 1,500원이 아니라 5,500원을 거슬러 준 게 아니겠어요! 천 원을 5천 원짜리 지폐로 잘못 준 거였지요.

송이는 고민에 빠졌어요.

'돈을 돌려줘야 하나? 아니야, 나는 사장님이 거슬러 준 돈을 그냥 받았을 뿐이잖아? 내가 이 돈을 훔친 것도 아니니까 죄가 되지 않을 거야.'

여러분 생각은 어떤가요? 더 많이 받은 거스름돈을 그냥 가지면 죄일까요, 죄가 아닐까요?

결론부터 말하면, 잘못 받은 거스름돈을 그냥 가지면 '점유 이탈물 횡령죄'로 처벌받을 수도 있어요. 그러므로 거스름돈을 잘못 받았다면 즉시 상대방에게 돌려주어야 합니다.

119에 거짓 신고를 하면 어떻게 될까요?

소방 기본법

AI 생생 법률 채팅방

경찰서에 거짓 신고를 해도 벌을 받을까?

네. 경찰서에 거짓 신고를 하면 500만 원 이하의 과태료가 부과됩니다. 사안이 심각할 경우에는 형사 처벌을 받을 수도 있습니다.

"119죠? 공장에 불이 났으니 빨리 와 주세요!"

밤 11시 30분, 119 종합 상황실에 화재 신고가 접수됐어요. 신고자가 전화를 끊자마자 소방 본부는 즉시 출동 명령을 내렸어요.

"지금 당장 소방차 다섯 대와 소방관 30명을 현장으로 출동시키세요."

그런데 불이 났다는 현장에 가 보니 연기 하나 피어오르지 않았어요. 거짓 신고였던 거죠.

경찰은 거짓 신고를 한 사람이 누구인지 추적한 끝에 성인 남성 김 아무개 씨를 체포했어요. 김 씨는 거짓 신고를 했다는 사실을 인정하면서도 끝까지 잘못을 뉘우치지 않았어요.

"장난 전화 한 번 한 것 가지고 왜 이러세요? 장난 전화 거는 것도 법에 걸립니까?"

"물론입니다. 당신처럼 거짓 신고를 하는 사람들 때문에 소방서와 시민들이 입는 피해가 큽니다. 일단 서로 가시죠."

김 씨처럼 소방서에 거짓 신고를 하면 '소방 기본법'에 따라 최대 500만 원 이하의 과태료를 내야 해요. 그리고 사안이 심각한 경우에는 형사 처벌을 받을 수도 있어요.

거짓 신고를 받고 소방차가 출동한 사이에 다른 곳에서 불이 나면 어떻게 될까요? 그 불을 빨리 끄지 못해 다른 사람들이 큰 피해를 볼 수 있어요. 만약 진짜로 그런 일이 일어난다면 거짓 신고를 한 사람의 책임이 크겠지요? 그러니 거짓 신고는 절대 하면 안 돼요.

식당에서 상한 음식을 먹고 식중독에 걸렸어요

식품 위생법

AI 생생 법률 채팅방

상한 음식을 판 식당을 신고하는 또 다른 방법이 있을까?

부패했거나 유통 기한이 지난 음식, 위생 상태가 나쁜 음식을 판매한 식당은 '1399(부정·불량 식품 신고 번호)'에 신고할 수 있습니다. 단, 사진이나 영수증 같은 증거 자료가 필요합니다.

학교가 파한 뒤, 아영이와 현주는 냠냠분식점을 찾았어요.

"새로 생긴 분식점인데 값이 엄청 싸."

"그런데 가게가 좀 지저분해 보인다."

분식집 주인은 행주인지 걸레인지 분간하기 힘든 천으로 그릇을 쓱쓱 닦고 있었어요.

"에이, 그래도 2천 원만 있으면 먹을 수 있는 메뉴가 많잖아. 그냥 먹자."

그런데 그날 저녁, 아영이는 분식점에서 먹은 것을 다 토하고 말았어요. 알고 보니 현주도 같은 증상을 겪었어요.

앞뒤 사정을 들은 아영이 엄마는 냠냠분식점 주인을 찾아가 따졌어요. 그러나 주인은 아무 문제가 없다고 발뺌하며 책임을 지려고 하지 않았지요.

화가 난 아영이 엄마는 냠냠분식점을 가까운 보건소에 신고했어요. 보건소에서 조사한 결과, 냠냠분식점은 위생 상태가 몹시 나빴고 음식에서는 식중독균이 발견됐어요.

이처럼 음식점에서 판 불량 음식 때문에 손님이 식중독에 걸리면 식당 주인은 '식품 위생법'에 따라 영업 정지, 영업소 폐쇄 등의 행정 처분을 받아요. 상황에 따라서는 징역형이나 벌금형 같은 형사 처벌을 받을 수도 있어요. 또한 음식을 만든 사람은 조리 면허가 취소될 수 있답니다.

표준 계약서가 왜 중요할까요?

표준 계약서

AI 생생 법률 채팅방

표준 계약서의 종류를 알려 줘.

여러 국가 기관 또는 협회에서는 계약자 사이의 분쟁을 막기 위해 표준 계약서를 사용하라고 권장해요. 표준 계약서에는 근로자가 기업에 취직할 때 쓰는 '근로 표준 계약서', 집을 빌릴 때 쓰는 '전월세 표준 계약서', 자동차를 살 때 쓰는 '자동차 표준 계약서' 등이 있습니다.

2009년, 어느 아이돌 그룹의 일부 멤버들이 소속사를 상대로 소송을 벌였어요.

"13년 동안 무조건 한 소속사에 묶여 있어야 하고, 도중에 계약을 해지하면 부담해야 하는 배상금이 너무 많습니다. 이건 노예 계약이나 다름없습니다."

그러나 소속사의 주장은 달랐어요.

"연습생 시절부터 회삿돈으로 많은 투자를 했는데, 중간에 그들이 소속사를 옮겨 버리면 회사는 큰 손해를 봅니다. 따라서 13년 동안 우리 소속사에서만 일해야 한다는 계약은 불공정한 게 아닙니다."

이 문제가 크게 공론화되자 마침내 법의 심판을 받게 됐어요. 그리하여 3년에 걸친 기나긴 법적 공방 끝에 이 아이돌 그룹의 전속 계약은 무효가 되었습니다.

이 사건을 계기로 공정거래위원회에서는 2009년에 '대중문화예술인 표준 전속 계약서'를 만들었어요. 회사와 연예인 사이의 불공정한 계약을 막기 위한 조치였지요. 이 표준 전속 계약서에 따르면 연예인과 기획사 간의 최대 계약 기간은 7년이며, 그 기간이 지나면 언제든 해지할 수 있어요.

'표준 계약서'는 한 분야에서 거래할 때 기준이 되는 계약 서식을 말해요. 예를 들어 어떤 회사에서 계약서를 작성한다면, 그 회사가 속한 분야의 표준 계약서를 참고하는 게 좋습니다. 그래야 공정하고 정확한 거래를 할 수 있지요.

가로수 길의 은행나무 열매를 줍는 게 불법이라고요?

점유 이탈물 횡령죄

AI 생생 법률 채팅방

절도죄와 점유 이탈물 횡령죄가 어떻게 다른지 알려 줘.

타인이 소유하거나 점유(물건을 지배하는 권리)한 물건을 훔치는 행위는 '절도죄'에 해당합니다. 주인이 잃어버린 물건 등 타인의 점유를 이탈한 물건을 마음대로 들고 가는 것은 '점유 이탈물 횡령죄'에 해당합니다.

어느 가을, 청도 씨는 길을 걷다가 은행나무 가로수 밑에 떨어진 은행을 잔뜩 주웠어요.

"집에 가져가서 구워 먹어야겠다."

은행을 주워다 집에서 구워 먹었더니 말랑말랑하고 고소한 맛이 아주 일품이었어요.

며칠 뒤, 청도 씨가 이번엔 아내와 함께 은행을 주우러 갔어요.

아내가 말했어요.

"여보, 은행이 이미 많이 밟혀서 대부분 짓물렀네요. 나무에 달린 열매를 따는 게 좋겠어요."

그 말을 듣고 청도 씨는 은행나무 가지를 마구 흔들었어요. 은행이 우수수 떨어지자 두 사람은 은행을 주워 자루에 담았어요.

그런데 그때, 시 공무원이 다가와 말했어요.

"시의 허락 없이 은행나무 열매를 따는 건 불법입니다. 땅에 떨어진 은행을 줍는 것도 마찬가지고요."

길에 떨어진 은행나무 열매를 가져가는 게 정말로 불법일까요?

불법이 맞습니다. 길거리에 있는 은행나무의 소유권은 각 지방 자치 단체에 있습니다. 따라서 나무에 열린 은행을 무단으로 따거나 땅에 떨어진 은행을 주워 가면 '절도죄'나 '점유 이탈물 횡령죄'가 성립할 수 있지요. 길거리에 떨어진 은행을 가져가고 싶을 때는 미리 시의 허가를 받아야 합니다.

키우는 강아지가 다른 사람을 물면 어떻게 되나요?

과실 치상죄

AI 생생 법률 채팅방

반려동물은 대중교통을 이용하면 안 돼?

아니요. 반려동물도 대중교통을 이용할 수 있습니다. 단, 반려동물 전용 운반 상자를 이용해서 반려동물의 얼굴이나 몸이 밖으로 드러나지 않게 해야 합니다.

정아 씨가 강아지 뽀삐와 함께 산책을 나갔어요.

"뽀삐, 목줄을 풀어 줄 테니 얌전히 있어야 해."

뽀삐는 아파트 단지 주변을 돌아다니며 여기저기 건드리거나 킁킁 냄새를 맡았어요. 그런데 술에 취해 비틀비틀 걷는 아저씨가 나타나자 갑자기 뽀삐가 큰 소리로 짖었어요.

"시끄러워! 조용히 좀 해!"

아저씨가 버럭 화를 내자 뽀삐가 달려들어 순식간에 아저씨의 손을 물었어요. 깜짝 놀란 정아 씨가 뛰어와 얼른 사과했어요.

"어머! 뽀삐, 무슨 짓이니? 정말 죄송합니다. 우리 강아지는 사람을 절대 물지 않는 착한 애인데, 오늘따라 참 이상하네요."

정아 씨가 사과했지만, 아저씨는 목줄을 채우지 않은 정아 씨의 책임이 크다며 화를 냈어요.

반려견을 키우는 가정이 많아지면서 일명 '개 물림 사고'가 크게 늘고 있어요. 그에 따라 법적인 분쟁도 많아졌지요.

위 사례와 같은 경우에는 형법에 따라 반려견을 키우는 보호자가 책임을 져야 합니다. '과실 치상죄(과실로 인해 사람을 다치게 하는 죄)'에 해당하므로 500만 원 이하의 벌금을 물 수 있지요. 만약 목줄이나 입마개 같은 기본적인 안전 조치를 취하지 않은 상태에서 사고가 났다면 '동물 보호법' 위반도 적용될 수 있습니다. 그러니 반려견과 외출할 때는 반드시 목줄을 채워야 해요.

개구리를 마음대로 잡으면 안 된다고요?

야생 생물법

AI 생생 법률 채팅방

> 야생 멧돼지나 야생 고라니가 사람에게 피해를 줘도 포획하면 안 되는 걸까?

사람을 공격하거나 피해를 주는 유해 야생 동물이라면 정부의 허가를 받아 포획할 수 있습니다. 포획한 뒤에는 반드시 그 결과를 시·군·구청장에게 신고해야 합니다.

장우와 아빠는 전라도 어느 마을에서 열린 지역 축제에 참가했다가 황당한 일을 겪었어요. 장우와 아빠가 점심을 먹기 위해 근처 음식점을 둘러보고 있을 때, 누가 아빠에게 말을 건넸어요.

"개구리 요리 한번 잡숴 보시겠어요? 아무 데서나 흔히 먹을 수 없는 별미랍니다."

시골에서 자란 아빠는 어렸을 때 개구리 요리를 먹은 기억이 있어요. 추억의 맛을 다시 느껴 보고 싶은 마음에 별생각 없이 그 사람을 따라갔지요.

그런데 식당으로 막 들어가려는 순간, 경찰들이 식당에 들이닥쳐 식당 주인을 체포하지 뭐예요.

"불법으로 개구리를 잡아서 팔고 있다는 제보가 들어왔습니다. 야생 생물법 위반이니 경찰서로 함께 가 주셔야겠습니다."

예전에는 야생 동물이 우리 주변에 많이 살았어요. 그런데 환경 파괴와 불법 포획 탓에 많은 야생 동물이 멸종 위기에 놓였지요. 그래서 야생 동물을 보호하기 위해 '야생 생물법'을 만들었어요. 이 법에 따르면 개구리, 뱀, 곰 등의 야생 동물을 함부로 잡거나 죽이면 최대 5,000만 원 이하의 벌금형이나 징역형을 받을 수 있어요.

야생 동물 보호는 지구 생태계를 지키는 일인 동시에 우리 인간의 안전과도 직결되는 일이랍니다. 따라서 야생 동물을 불법으로 잡으면 안 되겠지요.

캠핑을 할 수 있는 곳이 정해져 있다고요?

자연환경 보전법

AI 생생 법률 채팅방

 아무 데서나 캠핑을 할 수 없는 이유는 뭐야?

자연환경이 훼손되는 걸 막기 위해서입니다. 또한 안전시설이 없는 곳에서 캠핑을 하면 여러모로 위험합니다. 자연재해가 일어나면 크게 다칠 수 있지요.

기호 씨는 〈어디든 간다! 뚜벅뚜벅〉이라는 채널을 운영하는 여행 유튜버예요. 오늘 기호 씨가 찾아간 곳은 충청도 깊은 산속이에요. 기호 씨는 카메라를 켜고 구독자들과 소통하며 산길을 걸어 올라갔어요.

　"자, 오늘은 어디서 캠핑을 할까요?"

　잠시 뒤, 기호 씨는 아름다운 풍경을 한눈에 감상할 수 있는 곳을 발견했어요.

　"우아! 경치가 정말 기가 막히네요. 오늘은 여기에서 캠핑을 하겠습니다."

　기호 씨는 텐트를 치고 버너에 물을 붙였어요. 그러고는 저녁을 만들어 맛있게 먹고 있었어요.

　그런데 바로 그때, 산림 관리자가 달려와 호통을 쳤어요.

　"여기서 캠핑을 하면 안 됩니다! 빨리 정리하세요!"

　기호 씨는 과연 무엇을 잘못했을까요?

　기호 씨는 '자연환경 보전법'을 위반했어요. '자연환경 보전법'에 따르면 캠핑은 따로 마련된 야영장에서만 할 수 있어요. 또 허가받은 캠핑장이라고 해도 모두 취사가 가능하지는 않아요. 취사를 할 수 있는 곳도 따로 정해져 있지요. 이 규칙을 어기면 200만 원 이하의 과태료를 물 수 있습니다.

만 15세 미만은 아르바이트를 할 수 없다고요?

근로 기준법

AI 생생 법률 채팅방

청소년이 일을 절대 할 수 없는 곳도 있니?

네, 있습니다. 청소년 보호법에 따르면 만 19세 미만 청소년이 출입할 수 없는 업소에서는 청소년이 일할 수 없습니다. 예를 들어 유흥 주점, 노래방, 호프집 같은 곳에는 취업할 수 없습니다.

준호는 올해로 열네 살이 되었어요. 그런데 부모님이 두 분 다 갑자기 병으로 쓰러지셨어요.

"안 되겠어. 내가 아르바이트를 해서라도 생활비를 벌어야지."

준호는 굳게 마음먹고 근처 카페를 찾았어요. 준호의 사정을 들은 카페 사장님은 안타까운 표정으로 고개를 절레절레 흔들었어요.

"근로 기준법상 만 15세 미만은 일을 할 수 없단다."

준호는 포기하지 않고 사정했어요. 그러자 사장님이 준호에게 살짝 귀띔을 해 주었어요.

"그럼 고용 노동부에 가서 취직 인허증을 받아 오렴."

고용 노동부에서는 아직 만 15세가 안 됐지만 일을 꼭 해야 하는 사정이 있는 청소년을 위해 취직 인허증을 발급하고 있어요.

"사장님, 취직 인허증만 있으면 일할 수 있나요?"

"그렇단다."

얼마 후에 준호는 취직 인허증을 받아 카페에서 아르바이트를 할 수 있게 되었답니다.

'근로 기준법'에 따르면 청소년은 만 15세 이상이 되어야 일을 할 수 있어요. 만 13세 이상 만 15세 미만의 청소년은 고용 노동부에서 취직 인허증을 받아야만 일할 수 있지요. 만 13세 미만인 청소년은 원칙적으로는 일을 할 수 없지만, 취직 인허증을 받으면 예술 공연 분야에서 일할 수 있답니다.

청소년에게 술과 담배를 팔면 안 돼요

청소년 보호법

AI 생생 법률 채팅방

  청소년이 날한테 대신 술이나 담배를 사 달라고 하면 어떻게 되니?

술과 담배를 대리 구매해 청소년에게 제공한 사람은 청소년 보호법에 따라 처벌받습니다. 그리고 대리 구매를 요청한 청소년은 범죄 행위 정도에 따라 선도, 학칙에 의한 징계를 받을 수 있습니다.

"요즘 청소년에게 술을 파는 영업점이 많다고 하더군. 오늘은 김 형사가 주점 단속 좀 하게. 신분증 확실하게 검사하고."

"네, 알겠습니다."

김 형사는 ○○주점에서 청소년으로 보이는 사람들이 술을 마시는 것을 목격하고 신분증 제시를 요구했어요.

"단속 중입니다. 신분증을 보여 주십시오."

김 형사는 그 손님들이 모두 청소년이라는 사실을 확인한 뒤, 즉시 ○○주점 사장에게 알렸어요.

"청소년 보호법 위반입니다. 청소년에게 술을 팔았으니 법에 따라 처벌을 받으셔야 합니다."

이처럼 청소년에게 술이나 담배를 판 사람은 어떤 벌을 받을까요? '청소년 보호법'에 따르면 2년 이하의 징역 또는 2,000만 원 이하의 벌금형에 처해질 수 있어요. 또 '식품 위생법'에 따라 7일 동안 영업 정지 처분을 받게 되지요. 만약 청소년이라는 사실을 모르고 술과 담배를 팔았다고 해도 똑같이 처벌받습니다.

청소년 보호법은 청소년들이 술이나 담배, 각종 유해 매체 등을 접하지 못하게 막을 뿐만 아니라, 어른에게 폭력이나 학대·방임 등을 당하지 않게 보호해 주는 법이에요.

펭수 이름을 쓰지 못할 뻔했다고요?

상표법

짠~ 내가 멋진 캐릭터를 만들었어. 굿즈도 만들 거야.

아차! 이렇게 공개된 장소에서 보여 주면 안 되는데.

왜?

혹시 다른 사람이 내 캐릭터를 베껴서 먼저 상표권 등록이라도 하면 어떡해!

걱정 마. 그런 일은 절대 없을 거야.

AI 생생 법률 채팅방

'네이버', '구글', '디즈니' 같은 상표도 상표권을 소유하고 있니?

물론입니다. 상표권에는 상표의 이름뿐만 로고의 디자인, 글씨체 등 그 상품을 상징하는 모든 것이 포함됩니다. 이렇게 등록된 상표를 자기 마음대로 쓰거나 모방하면 법으로 처벌받습니다.

2019년에 EBS에서 만든 펭귄 캐릭터 '펭수'는 엄청난 인기를 끌었어요. 더불어 펭수가 나오는 〈자이언트 펭TV〉라는 유튜브 채널이 많은 구독자를 얻었지요.

그러자 EBS에서는 펭수의 '상표권'을 등록하려고 했어요. 상표권이란 특허청에 등록한 상표를 특정 상품에 독점으로 사용할 수 있는 권리를 뜻해요. 그런데 등록하는 과정에서 깜짝 놀랄 사실을 알았어요. 펭수와 상관없는 몇몇 일반인이 펭수의 이름에 대한 상표권을 미리 신청해 놓았지 뭐예요. '상표법'에 따르면 상표권 등록 신청을 먼저 한 사람이 그 권리를 얻게 돼요.

"펭수 상표권이 EBS가 아니라 다른 사람 손에 넘어갈 거래."

"뭐? 그럼 이제 펭수 못 보는 거야?"

펭수를 좋아하는 팬들은 깜짝 놀랐어요. 당황하고 화가 나기는 EBS 관계자들도 마찬가지였죠.

"우리가 만든 캐릭터인데 엉뚱한 사람이 상표권을 등록하다니!"

졸지에 펭수의 이름을 잃어버릴 위기에 놓인 EBS는 법적으로 대응하겠다고 밝혔어요. 다행히 상표권을 신청했던 사람들은 모두 등록을 취소했고, 펭수 이름에 대한 상표권은 무사히 EBS에 돌아갔답니다.

만약 새로운 캐릭터를 만들었다면 제일 먼저 특허청에 상표권을 등록해야 해요. 이때 캐릭터의 이름과 이미지를 모두 상표권 등록을 해야 안전합니다. 그래야 제3자가 그 캐릭터를 멋대로 사용하지 못하거든요.

음식점에서 신발을 잃어버리면 누구 책임일까요?

상법

AI 생생 법률 채팅방

카페 의자에 가방을 두고 잠깐 화장실에 다녀왔는데, 누가 내 가방을 훔쳐 간 경우에도 카페에서 배상을 해 줄까?

손님이 가게에 가방을 맡기지 않았더라도, 가게 안에서 가방을 잃어버렸다면 주인에게도 일부 배상 책임이 있습니다. 그러나 돈이나 귀금속처럼 비싼 물건을 잃어버렸을 경우, 가게 주인에게 미리 금액을 알리고 물건을 맡기지 않았다면 가게 주인에게는 배상 책임이 없습니다.

인기 음식점 '최부자 낙지집'에서는 손님들이 신발을 잃어버리는 일이 종종 벌어졌어요. 그러자 사장님은 식당에 이런 문구를 써서 붙여 놓았어요.

　'신발을 잃어버려도 우리 식당에서는 책임지지 않습니다. 신발은 스스로 챙기시기를 바랍니다.'

　그러던 어느 날, 신발을 잃어버린 손님과 사장님이 말다툼을 벌였어요.

　"이 식당에서 신발을 잃어버렸으니 물어 주세요."

　"신발장 위에 적어 놓은 글 못 보셨나요? 신발을 잃어버려도 우리 식당에서 책임지지 않는다고 적혀 있잖아요."

　과연 법은 누구 손을 들어 줄까요?

　'상법'에 따르면 음식점, 목욕탕, 극장 같은 공중 접객업소에서 물건이 없어지거나 직원의 실수로 물건이 망가졌을 때는 가게 주인이 배상할 책임이 있어요. 주인이 책임지지 않는다고 미리 알렸더라도 마찬가지예요. 따라서 가게에서 손님이 신발을 잃어버렸을 경우, 주인이 신발 보관에 주의를 게을리하지 않았다는 사실을 증명하지 못하면 주인은 분실에 대한 책임을 져야 해요.

왜 식재료의 원산지를 꼭 밝혀야 할까요?

원산지 표시제

AI 생생 법률 채팅방

음식점에서는 모든 식재료의 원산지를 다 표시해야 해?

원산지를 표시해야 하는 품목은 농산물 9종, 수산물 20종으로 정해져 있습니다. 쌀, 배추김치, 소고기, 닭고기, 고등어, 오징어 등이 원산지 표시 의무가 있는 식재료입니다. 그 밖의 식재료는 메뉴판에 원산지를 적지 않아도 됩니다.

지혜네 가족은 '국내산 한우만 취급'이라고 크게 써 붙인 식당을 찾았어요.

"좀 비싸지만 한우니까 더 맛있겠지. 자, 먹자."

지혜네 가족이 잘 구워진 소고기를 한 점씩 집었을 때였어요. 무슨 일인지 갑자기 공무원들이 들이닥쳤어요.

"이 식당에서 파는 소고기가 한우가 아니라 수입산이라는 제보를 받고 단속 나왔습니다. 협조를 바랍니다."

단속 결과, 그 식당에서 파는 소고기는 국내산 한우가 아니고 값싼 수입산 소고기라는 사실이 밝혀졌어요.

예전에는 이렇게 원산지를 속여 파는 상인들이 많았어요. 수입산 식품을 국내산으로 속여 비싼 가격에 파는 거죠. 그 때문에 먹거리에 대한 불안감이 높아졌을 뿐 아니라 양심적인 상인들까지 피해를 보게 되었어요.

그래서 1991년에 '원산지 표시제'가 생겼어요. 식재료나 가공품의 원산지를 표시해서 소비자의 알 권리를 지키고, 공정한 거래를 유도함으로써 생산자와 소비자를 보호하기 위한 제도이지요.

이 제도에 따라 상인들은 자기가 판매하는 식품이 생산된 국가나 지역을 명확하게 밝혀야 해요. 수입산 식품에는 국가명을 적고, 국내산 식품에는 '국산(국내산)'으로 표기하거나 지역명을 밝혀야 합니다. 음식점에서도 소비자가 잘 알아볼 수 있게 메뉴판이나 게시판에 식품의 원산지를 표시해야 해요.

남자가 여자로, 여자가 남자로 성별을 바꿀 수 있을까요?

성별 정정에 관한 판례

AI 생생 법률 채팅방

다른 나라에도 성전환자의 성별 정정에 관한 법이 있니?

스웨덴은 1972년에 세계 최초로 '성별의 확정에 관한 법률'을 제정하여 성전환자의 성별 정정을 허용하고 있습니다. 그 뒤로 독일, 핀란드, 영국, 이탈리아 등에서도 성전환법을 제정했고, 일본은 2003년에 특례법을 만들어 성별 정정을 허용하고 있습니다.

2003년, A씨가 법원에 자신의 성별을 남성으로 바꾸어 달라고 신청했어요. A씨는 겉으로 보기에는 50대 남성의 모습이지만 호적상으로는 여성이었지요.

"저는 여자로 태어났지만 스스로를 남자라고 생각하며 살아왔습니다. 또한 이미 성전환 수술을 받아 오랫동안 남성으로 생활했습니다. 그런데 호적상의 성별 때문에 혼인 신고도 못 하고 있습니다. 성별 변경을 허가해 주십시오."

재판 결과는 과연 어떻게 되었을까요? 1심 법원과 2심 법원에서는 A씨의 성별 변경 요구를 받아들이지 않았어요.

"성전환 수술을 하여 남성적인 외모를 갖추었다고 해도 생물학적으로 여전히 여성이기 때문에 정정할 수 없습니다."

그러나 2006년에 대법원에서는 A씨의 요구를 받아들여 성별을 여성에서 남성으로 바꾸는 것을 허락했어요.

"성별을 결정할 때는 생물학적 요소 외에도 정신적·사회적 요소를 종합적으로 고려해야 합니다."

이 판례 덕분에 호적에서 성별을 바꿀 수 있는 길이 활짝 열렸답니다.

모든 국민은 인간으로서의 존엄과 가치를 지니며, 행복을 추구할 권리가 있다는 게 헌법의 기본 내용이에요. 따라서 대법원이 성전환자의 성별 변경을 인정한 사례는 우리 사회가 소수자의 기본적인 존엄과 가치를 지켜 줘야 한다는 의지를 보여 준 것이지요.

재판 결과가 마음에 들지 않을 때는 어떻게 하나요?

심급 제도

AI 생생 법률 채팅방

 항소와 상고가 무슨 뜻인지 알려 줘.

법원 판결에 따르지 않고 재판을 다시 해 달라고 상급 법원에 요구하는 일을 '상소'라고 하는데, 상소는 '항소'와 '상고'로 나뉩니다.
'항소'는 일심 판결이 마음에 들지 않을 때 이심 법원에 재판을 다시 청구하는 것을 말합니다. '상고'는 이심 판결이 마음에 들지 않을 때 삼심 법원인 대법원에 다시 재판을 청구하는 것을 말합니다.

어느 겨울날, 효범 씨는 등산을 갔다가 조난자를 발견했어요. 효범 씨는 그 등산객을 업고 산을 내려가다가 그만 돌부리에 걸려 넘어지고 말았어요. 등산객은 효범 씨 덕분에 목숨은 건졌지만, 효범 씨가 넘어지는 바람에 갈비뼈가 부러지는 사고를 당했어요.

그러자 그 등산객은 생명을 구해 준 효범 씨를 고소했어요.

"그 사람 때문에 갈비뼈가 부러졌습니다. 손해 배상 청구 소송을 해야겠습니다."

지방 법원 판사는 등산객의 손을 들어 줬어요.

"김효범 씨는 치료비와 위자료를 지불하시오."

여러분이 이런 일을 당한다면 정말 억울하겠지요?

효범 씨는 고등 법원에 다시 판결해 달라고 '항소'했어요. 그런데 고등 법원에서도 지방 법원과 똑같은 판결을 내렸어요. 그래서 효범 씨는 다시 대법원에 판결을 내려 달라고 '상고'했지요. 대법원에서는 드디어 효범 씨의 손을 들어 줬어요. 이렇게 효범 씨는 세 번째 재판까지 가서야 이길 수 있었답니다.

한 사건에 대해 재판을 여러 번 받을 수 있는 제도를 '심급 제도'라고 해요. 우리나라는 원칙적으로 세 번까지 재판을 받을 수 있는 '삼심제'를 채택하고 있어요. 따라서 지방 법원의 재판 결과가 마음에 들지 않으면 고등 법원에서 다시 재판을 받을 수 있고, 고등 법원의 재판 결과도 마음에 들지 않으면 대법원에서 다시 재판을 받을 수 있습니다.

장애인 시설이 없으면 불법이라고요?

장애인 등 편의법

AI 생생 법률 채팅방

시각 장애인의 놀이기구 탑승을 제한하는 것도 장애인 차별이니?

네, 그렇습니다. 놀이기구를 이용하는 탑승객이 받는 물리적 충격은 시각 장애와 아무 상관이 없습니다. 따라서 막연한 추측만으로 시각 장애인의 놀이기구 이용을 막아선 안 됩니다.

장애인인 재건 씨가 휠체어를 타고 문화 예술 회관으로 음악회를 보러 갔어요. 매표소에서 표를 산 뒤 입구 쪽으로 휠체어를 끌고 갔지요. 그런데 휠체어가 지날 수 있는 길이 보이지 않았어요.

　　재건 씨는 직원에게 항의했어요.

　　"계단만 있고 휠체어가 다닐 수 있는 길이 없는데요?"

　　"죄송합니다. 저희 문화 예술 회관에는 휠체어를 이용할 수 있는 시설이 없습니다. 휠체어용 관람석도 없고요."

　　"너무하네요! 이런 공공시설에 장애인 시설이 없다니요. 바로 시청에 신고하겠습니다."

　　얼마 뒤, 문화 예술 회관은 장애인 시설을 만들라는 시정 명령을 받았답니다.

　　불과 2, 30여 년 전만 해도 장애인을 위한 시설이 많이 부족했어요. 그런 탓에 장애인은 비장애인처럼 평범한 사회생활을 하기가 불편했지요.

　　그래서 1998년에 '장애인 등 편의법'이 생겨났어요. 이 법은 장애인이나 노약자, 임산부 등 사회적으로 배려가 필요한 사람들이 일상에서 안전하고 편리하게 공공시설을 이용할 수 있게 도와주는 법이에요. 이 법이 생긴 뒤로 공공시설에 엘리베이터나 경사로, 장애인용 화장실 등이 적극 마련됐답니다.

신기하고 재미있는 옛날 법과 세계의 법

도둑질한 사람은 도둑맞은 집의 노예가 되어야 한다고요?

고조선 8조법

AI 생생 법률 채팅방

한반도의 다른 고대 국가들에도 법이 있었니?

네. 다른 고대 국가들에도 법이 있었습니다.
- **부여**: 질투가 심한 부인은 사형한다.
- **고구려**: 나라를 배신한 자는 그 자리에서 사형하고 재산을 몰수하며 가족은 노비가 된다.
- **백제**: 전쟁에 진 자는 즉시 사형한다.

우리나라 최초의 국가 고조선이 세워지고 단군왕검이 나라를 다스릴 때는 명확한 법이 없었어요. 힘센 자의 말이 곧 법이나 다름없었지요. 그렇다 보니 나라가 몹시 혼란스러웠어요.
　그러자 왕은 신하들과 머리를 맞대고 회의를 했어요.
　"나라의 질서를 바로잡고, 백성들이 다 같이 잘 살 수 있는 법을 만듭시다."
　이렇게 해서 처음 만들어진 고조선의 법은 아주 엄격했어요.
　"사람을 죽인 자는 즉시 사형에 처한다."
　"다른 사람에게 상처를 입힌 사람은 곡물로 보상해야 한다."
　"남의 물건을 도둑질한 사람은 도둑맞은 집의 노예가 되어야 한다. 풀려나려면 돈을 내야 한다."
　이 법을 '8조법'이라고 해요. 8조법은 본래 8개 조항이었는데, 지금은 위의 3개 조항만 전해져요.
　8조법의 내용을 자세히 살펴보면 당시 고조선이 어떤 사회였는지 알 수 있어요. 사람을 죽이면 즉시 사형에 처했다는 점으로 미루어 보아 생명을 존중하는 사회였다는 것을 알 수 있어요. 도둑질한 사람은 도둑맞은 집의 노예가 되어야 했다는 점으로 미루어 보아 계급 사회였다는 것을 알 수 있지요. 또한 풀려나려면 돈을 내야 했다는 점으로 미루어 보아 고조선 시대에도 화폐를 사용했다는 사실을 알 수 있답니다.

펄펄 끓는 가마솥에 사람을 넣는다고요?

조선 시대 팽형

AI 생생 법률 채팅방

 조선 시대에는 죄를 지으면 어떤 벌을 받았니?

여러 형벌이 있었지만, 대표적인 형벌로는 다음 세 가지를 들 수 있습니다.
- **태형**: 비교적 가벼운 죄를 지은 죄인에게 내리는 벌로, 죄인의 엉덩이를 치는 형벌.
- **도형**: 죄인을 관아에 가두고 일을 시켜서 죗값을 치르게 하는 형벌.
- **유형**: 유배 또는 귀양이라고도 하며, 일정한 기간 동안 외딴 시골이나 섬 등 먼 곳으로 쫓아내는 형벌.

조선 시대에 아주 황당하고 특이한 형벌이 있었어요.

"죄인 김만성을 팽형에 처하라!"

판결이 내려지자 포졸들은 죄인을 다리 위로 끌고 갔어요. 다리 위에는 큼직한 가마솥이 놓여 있었어요.

"죄인을 가마솥 안에 넣어라!"

그러자 포졸들은 죄인을 가마솥에 집어넣었어요. 다만 가마솥에는 물이 없었고, 불을 붙이지도 않았지요.

잠시 후, 집행을 담당한 관리가 말했어요.

"죄인이 죽었으니 죄인의 가족은 시신을 수습해 가져가라."

김만성이 진짜로 죽은 건 아니었지만, 그의 집에서는 장례까지 치렀어요. 호적과 족보에도 김만성이 사망했다고 기록했지요. 그 뒤로 김만성은 평생 사람들 눈에 띄지 않게 뒷방에 꼭꼭 숨어 죽은 사람처럼 지내야 했어요.

조선 시대의 대표 법전인 『경국대전』에는 '팽형'이라는 형벌 이야기가 나와요. 팽형은 본래 물이나 기름으로 죄인을 삶아 죽이는 형벌인데, 조선 시대에는 실제로 죽이지는 않고 삶아서 죽이는 시늉만 했어요. 또한 일반 백성이 아니라 주로 부정부패를 저지른 벼슬아치들에게 내리는 벌이었답니다. 팽형은 많은 사람들이 지켜보는 가운데 행해지고 사회생활을 전혀 하지 못하게 만들기 때문에, 목숨은 붙어 있어도 사회적으로는 죽은 것이나 마찬가지였어요.

미니스커트를 입었다고 벌을 받았다고요?

경범죄 처벌법

AI 생생 법률 채팅방

요즘에는 노출과 관련된 처벌 규정이 없니?

아니요. 요즘에도 처벌 규정이 있습니다. '경범죄 처벌법'에 따르면 공개된 장소에서 공공연히 과다 노출(신체의 중요한 부위를 노출)을 하여 다른 사람에게 부끄러운 느낌이나 불쾌감을 주면 처벌받습니다.

"잠깐! 검문 좀 하겠습니다."

미니스커트를 입은 어떤 여성이 지나가자, 경찰관들이 여성을 불러 세웠어요.

"네? 무슨 일이시죠?"

경찰관들은 자로 그 여성의 치마 길이를 쟀어요.

"치마 길이가 무릎 위로 15센티미터 이상 올라갔군요. 경범죄 처벌법에 따라 벌금을 내셔야 합니다."

세상에! 이게 도대체 어느 나라 법일까요? 바로 1970년대 우리나라에 있던 법이에요. 그때만 해도 개인의 자유보다는 사회 질서를 강조하는 분위기였지요.

심지어 남성들은 머리를 길게 기를 수도 없었어요. 머리를 길게 기른 남성이 거리에 다니면 경찰관들이 가위로 머리를 싹둑 잘라 버렸답니다. 머리를 깎기 싫다고 거부하면 경찰서로 끌려가서 처벌을 받아야 했어요.

그런데 시간이 지나면서 국민들의 정치·사회의식이 차츰 바뀌었어요. 남성이 머리를 기르건 여성이 미니스커트를 입고 다니건, 그것은 개인의 자유라고 여겼지요. 그러자 짧은 치마를 입으면 벌을 받아야 한다는 이상한 법은 사라졌어요.

이처럼 법도 변화하는 시대의 흐름에 맞지 않으면 바뀌게 마련이랍니다.

미국은 마트에서 총을 살 수 있대요

미국 총기 소지법

AI 생생 법률 채팅방

미국에서는 누구나 총을 살 수 있니?

아니요. 18세 이상의 영주권자와 시민권자만 총기를 살 수 있습니다. 21세 미만은 소총이나 엽총만 구매할 수 있고 권총은 구매할 수 없습니다. 또한 중범죄 전과, 가정 폭력 전과, 정신 질환 치료 시설 입원 경력 등이 있는 사람은 총기 소유가 제한될 수 있습니다. 또한 미국의 총기 관련 법은 주마다 조금씩 차이가 있습니다.

엄마와 함께 미국을 여행하다가 마트에 간 수진이는 깜짝 놀랐어요. 마트에 총이 진열되어 있었거든요.

"엄마, 저거 진짜 총이에요?"

"응, 미국은 우리나라와 달리 총기 소지가 합법인 나라란다. 그래서 마트에서도 총을 살 수 있어."

수진이는 총기 진열대 옆에 있는 무인 자판기를 보고 더 깜짝 놀랐어요.

"엄마, 이건 총알 자판기인가 봐요!"

이처럼 미국에서는 총기류를 비교적 쉽게 구입할 수 있어요. 그래서 많은 미국인들이 총을 소지하고 있지요.

어떻게 이런 일이 가능할까요?

이것은 미국의 역사와 관련이 있어요. 오래전 미국이 영국의 식민지였을 때는 총기를 함부로 소지하지 못했어요. 그런데 미국 독립 전쟁이 일어나자 미국 사람들은 총을 들고 영국에 맞서 싸운 끝에 드디어 승리했지요.

"자기 목숨은 자기가 알아서 지켜야 해."

이때부터 총은 미국 사람들에게 스스로를 지키기 위한 수단으로 인식되었어요. 또 미국이 서부를 개척하던 시기에는 자기 목숨을 지키기 위해 꼭 총을 들고 다녀야 했어요.

<u>오늘날 미국 법은 일반인이 자신을 위해 총을 소유하는 것을 허용하고 있어요.</u> 그런데 미국에서는 해마다 총에 맞아 숨지는 사람이 4만 명이 넘어요. 그래서 총기를 규제해야 한다는 목소리가 점점 높아지고 있답니다.

세계에서 가장 무서운 싱가포르법

싱가포르 법

이 나라에서는 공공장소에서 비둘기에게 먹이를 주면 벌금을 내야 합니다.

껌을 씹으면 벌금을 내야 합니다.

공중화장실에서 변기 물을 내리지 않으면 벌금을 냅니다.

이 나라는 어느 나라일까요?

세상에 그런 나라가 어디 있어요?

AI 생생 법률 채팅방

싱가포르를 여행할 때 주의해야 할 점을 알려 줘.

싱가포르에서는 버스나 지하철 안에서 음식물을 먹을 수 없고, 밤부터 아침까지는 술을 구매할 수 없습니다. 그리고 와이파이를 무단으로 사용해도 처벌을 받습니다.

1993년, 싱가포르에 마이클 페이라는 열여덟 살 미국 소년이 살고 있었어요. 마이클은 평소 장난기가 심했어요.

"오늘은 시시한 장난 말고 좀 더 큰 장난을 쳐 볼까?"

길거리로 나간 마이클은 스프레이로 자동차 수십 대에 낙서를 했어요. 그러고는 싱가포르 국기를 찢고 도로 표지판까지 뽑았지요.

결국 마이클은 체포되어 싱가포르 법원에서 재판을 받았어요.

"마이클 페이에게 징역 4개월과 벌금 3,500달러 그리고 태형 여섯 대를 선고한다."

마이클의 태형 소식이 미국에 전해지자, 당시 미국 대통령 클린턴은 싱가포르 대통령에게 직접 전화를 걸어 태형을 면제해 달라고 부탁했어요. 그러나 싱가포르는 태형을 집행했어요. 대신에 형량을 특별히 네 대로 줄여 주었다고 해요.

싱가포르 법은 강도, 살인 등 무거운 죄뿐만 아니라 비교적 가벼운 몇몇 죄도 '태형'으로 다스려요. 태형은 매로 엉덩이를 치는 형벌이에요. 바지를 벗긴 다음 회초리로 엉덩이를 때리는데, 한 대만 맞아도 살점이 떨어져 나갈 만큼 아프다고 해요. 예전에는 힘센 무술인들이 태형을 집행했지만, 요즘에는 기계가 태형을 집행하지요.

이처럼 싱가포르 법은 엄격하기로 유명해요. 그래서일까요? 현재 싱가포르는 다른 나라들보다 범죄율이 낮다고 해요.

술을 마시면 감옥에 간다고요?

파키스탄 법

AI 생생 법률 채팅방

 파키스탄에는 종교와 관련된 법이 많나요?

네, 파키스탄을 비롯한 이슬람 국가에는 종교와 관련된 법이 많고 매우 엄격합니다. 파키스탄은 헌법에 따라 이슬람교도가 아니면 대통령이 될 수 없습니다. 뿐만 아니라 이슬람교를 잘 모르는 사람은 국회 의원이 될 수 없습니다.

파키스탄에 사는 무함마드는 여행 가이드예요. 파키스탄을 찾은 여행자들을 안내하는 일을 하지요.

어느 날, 무함마드는 한국인 단체 관광객들을 호텔로 안내했어요. 그런데 그날 밤에 관광객 한 명이 호텔에서 파는 술을 무함마드에게 권했어요.

"무함마드 씨도 한잔하시죠."

"죄송합니다. 이슬람교를 믿는 사람은 술을 마시면 안 됩니다."

"에이, 딱 한 잔인데 뭐 어때요."

한국 관광객들이 자꾸만 술을 권하자 무함마드는 마지못해 딱 한 잔만 받아 마셨어요. 그런데 이튿날, 경찰이 와서 무함마드를 잡아갔어요.

국민 대부분이 이슬람교를 믿는 파키스탄에서는 술 마시는 행위를 금지해요. 그래서 파키스탄에 가면 대도시의 몇몇 호텔이나 식당 외에는 술 파는 곳을 찾는 것조차 어렵지요. 물론 외국인은 술을 마셔도 대개 처벌받지 않아요. 이슬람교도가 아니니까요.

파키스탄 말고도 사우디아라비아, 요르단 등 여러 이슬람 국가에서는 술을 금지해요. 술을 마시면 정신이 흐려져 종교 생활을 제대로 할 수 없다고 여기기 때문이에요. 이처럼 각 나라의 법은 종교와 사고방식에 따라 크게 다르답니다.

아기 이름을 마음대로 지을 수 없다고요?

작명에 관한 덴마크 법

AI 생생 법률 채팅방

아기 이름을 마음대로 지을 수 없는 나라가 또 있니?

네, 독일도 작명에 대한 법이 까다로운 편입니다. 특히 아이의 성별을 확실하게 구분할 수 있는 이름을 지어야 합니다. 그리고 놀림받기 쉬운 이름은 사용할 수 없으며, 어떤 물건이나 제품명도 이름으로 사용할 수 없습니다.

한국인 은진 씨는 덴마크 사람 다니엘을 만나 사랑에 빠졌어요. 얼마 뒤에 둘은 덴마크의 작은 도시에서 결혼식을 올렸어요. 그러고는 곧 반가운 소식이 들려왔어요.

"축하드립니다. 임신하셨습니다."

산부인과 의사의 말에 두 사람은 뛸 듯이 기뻐했어요.

출산일이 다가오자 은진 씨가 다니엘에게 말했어요.

"다니엘, 아이 이름을 뭐라고 지을까요? 건강하고 씩씩하게 자라라는 의미로……."

은진 씨가 아이 이름을 지으려고 하자, 다니엘이 곤란해하는 표정을 시었어요.

"……은진, 덴마크에서는 아이 이름을 부모 마음대로 지을 수가 없어요."

"아니, 세상에! 그런 법도 있어요?"

덴마크는 작명에 관련한 법이 까다로운 편이에요. 부모가 아이에게 이상한 이름을 지어 주는 것을 막기 위해서라고 해요. 그래서 덴마크 사람들은 아이가 태어나면 정부가 만든 '이름 목록'에서 골라 아이의 이름을 지어 준답니다. 만약 이름 목록에 없는 이름을 사용하고 싶을 때는 따로 정부의 허가를 받아야 하며, 허가가 나지 않는 이름은 사용할 수 없어요.

공공장소에서 애정 표현을 하면 벌을 받는다고요?

두바이 법

AI 생생 법률 채팅방

세계 여러 나라의 신기한 법을 알려 줘!

- **사우디아라비아, 이란**: 이슬람교를 믿기 때문에 돼지고기를 먹으면 안 됩니다.
- **일본**: 이어폰을 끼고 자전거를 타면 벌금을 냅니다.
- **투르크메니스탄**: 검은색 자동차를 타거나 검은색 마스크를 쓰면 안 됩니다.

어느 영국인 커플이 두바이로 여행을 떠났어요.

"시내 관광을 다 마쳤으니 해변으로 가 볼까요?"

커플은 바닷가를 거닐다 마음에 드는 식당을 발견했어요.

"우리 저 식당에서 밥 먹어요."

"그래요. 분위기 좋아 보이네요."

두 사람은 식당에 들어가 음식을 주문한 뒤, 낭만적인 해변을 바라보며 키스를 했어요. 그러자 그 식당에서 아이들과 식사하던 한 여성이 바로 경찰에 신고했어요.

"경찰이죠? 여기 ○○식당인데. 지금 외국인이 식당에서 키스를 했습니다."

잠시 후, 경찰이 출동해 영국인들을 체포했어요.

"아니, 키스했다고 잡아가는 법이 어디 있어요?"

"두바이에는 그런 법이 있습니다."

과연 영국인 커플은 어떻게 되었을까요? 이들은 법원에서 1개월 징역형과 추방 명령을 받았답니다.

두바이의 법은 이슬람교에 뿌리를 두고 있기 때문에 몹시 보수적이고 엄격한 편이에요. 또한 관습과 규범을 매우 중요하게 생각하지요. 그래서 두바이의 법을 잘 모르는 외국인들이 간혹 의도치 않게 사소한 범죄를 저지르는 경우가 있답니다.

길에서 스마트폰을 보면 벌금을 낸다고요?

하와이 산만한 보행 금지법

AI 생생 법률 채팅방

그럼 호놀룰루에서는 걸으면서 스마트폰을 절대 사용하지 못하니?

경찰서나 소방서에 긴급 신고를 해야 하는 경우에는 걸으면서 스마트폰을 사용해도 됩니다. 응급 상황이 생겨 병원에 전화를 걸 때도 허용됩니다.

혹시 '스몸비'라는 말을 들어 본 적 있나요? '스마트폰'과 '좀비'를 합성한 말인데, 스마트폰 화면을 보느라 앞을 보지 않고 고개를 숙인 채 시체처럼 걷는 사람들을 '스몸비'라고 해요. 그런데 이렇게 스마트폰을 보며 길을 가면 교통사고가 일어날 확률이 높아지지요.

미국 하와이 호놀룰루주에서도 스몸비들 탓에 교통사고가 크게 늘었어요. 특히 횡단보도 앞 교통사고 때문에 골머리를 앓았어요.

"빨간불로 바뀐 줄도 모르고 스마트폰을 보며 횡단보도를 건너다 사고를 당하는 사람들이 점점 많아지고 있습니다. 이런 일이 일어나지 않게 하려면 어떻게 해야 할까요?"

"횡단보도나 길을 갈 때 스마트폰을 보지 못하게 하는 법을 만들면 어떻겠습니까?"

이렇게 해서 2017년에 호놀룰루에서 생겨난 법이 바로 '산만한 보행 금지법'이에요.

이 법에 따르면 하와이 호놀룰루에서 길을 가며 스마트폰을 보면 처음에는 15~35달러, 세 번 이상 적발되면 최대 99달러의 벌금이 부과됩니다. 스마트폰뿐만 아니라 게임기, 태블릿PC 등 다른 전자 기기도 사용할 수 없어요.

하와이에서 길을 걷다가 스마트폰을 사용해야 할 때는 반드시 멈춰서 사용해야 한다는 것! 꼭 기억해 두세요.

무거운 책가방을 들지 마세요

인도 책가방 무게 제한법

AI 생생 법률 채팅방

인도의 재미있는 법 좀 알려 줘.

인도에서는 난간이 없는 위험한 해안 절벽이나 바닷가에서 셀카를 찍으면 벌금을 냅니다. 인도 뭄바이에서는 해안 도로, 절벽 등 총 16곳을 셀카를 찍으면 안 되는 장소로 정해 놓고 있습니다.

인도 서부 마하라슈트라주에서는 책가방 때문에 학부모들이 학교에 항의하는 일이 많았어요.

"아이들이 들고 다니는 책가방이 너무 무거워요."

"맞아요. 무거운 책가방을 들고 다니면 아이들 키가 안 자라잖아요. 서둘러 대책을 마련해 주세요."

인도의 몇몇 지역은 진학 경쟁이 아주 심해요. 학교 수업이 끝나면 곧장 학원에 가는 어린이들도 많지요. 그러다 보니 책가방에 책을 많이 넣고 다녀야 했어요.

그러자 정부에서는 책가방의 무게를 제한하는 법을 만들었어요.

"앞으로는 책가방 무게가 자기 몸무게의 10퍼센트를 넘지 않아야 합니다. 모든 학교에서는 이 법을 지켜 주세요."

이 법이 제정되자 학교에서는 흥미진진한 광경이 펼쳐지기도 했어요. 학생들이 학교에 오면 선생님이 이렇게 말했지요.

"자, 모두 순서대로 가방을 저울 위에 올려놓으세요."

학생들이 책가방을 저울에 올리면 선생님은 책가방 무게를 일일이 확인했어요. 또 선생님들은 학생들이 책을 여러 권 가지고 다니지 않게끔 숙제를 줄이고 시간표를 효율적으로 조정했지요. 참 재미있지요?

이처럼 법은 멀리 있는 게 아니에요. 어떤 법이 생기느냐에 따라 우리의 일상생활도 조금씩 바뀐답니다.

우주에도
법이 있다고요?

> 우주법

AI 생생 법률 채팅방

우주법에는 어떤 내용이 담겨 있니?

대표적인 조약 세 가지를 알려 드리겠습니다.
1. 우주는 평화적인 목적으로만 사용할 수 있다.
2. 우주는 모든 나라에 개방되어 있으며, 어떤 나라도 소유할 수 없다.
3. 핵무기 등 대량 파괴 무기의 비행과 우주 공간에서의 군사 기지 설치, 핵 실험 등을 금지한다.

미국과 소련은 1950년대부터 우주 개발 경쟁을 했어요.

"우리 미국이 소련보다 먼저 우주를 탐사해야 해."

그러나 1957년에 소련이 미국보다 먼저 세계 최초의 인공위성 '스푸트니크 1호'를 발사했어요.

"소련에 뒤처지다니……. 더는 늦어지면 안 돼!"

미국은 소련에 뒤질세라 1958년에 항공 우주국 나사(NASA)를 설립하고, 인공위성 '익스플로러 1호'를 발사했어요.

소련과 미국이 경쟁적으로 우주 개발에 박차를 가하자 다른 나라들도 우주 개발에 뛰어들었어요. 우주 개발은 학문적인 가치뿐 아니라 군사적·경제적인 가치도 높았거든요.

그러다 보니 여러 나라 사이에 크고 작은 마찰이 생기기 시작했어요. 그러자 1967년에 유엔이 나서서 '우주법'을 만들었어요. 우주를 평화롭고 공평하게 이용하기 위한 법이었죠.

시간이 지나면서 인류의 우주 활동은 점점 더 많아졌어요. 세계 여러 나라는 지금까지 인공위성 수천 개를 우주로 쏘아 올렸어요. 화성, 금성, 목성 등으로 탐사선을 보내기도 했고요. 얼마 전에는 우주여행을 하는 사람들까지 생겨났지요. 이에 따라 우주법도 점점 복잡하고 다양하게 바뀌고 있답니다.

법 용어 사전

법의 종류와 기본 용어

법: 모든 사회 구성원이 지켜야 할 규칙과 규정.

법률: 국회에서 만든 법으로, 헌법·형법·민법·상법·노동법·행정법·가족법 등이 법률에 속한다.

헌법: 한 나라에서 가장 기본이 되는 법. 국민의 권리와 의무 등 기본권에 관한 내용과 국가 기관 등 통치 기구의 구성에 관한 내용을 담고 있다. 또한 모든 법령의 기준과 근거가 되는 법으로, 모든 법은 헌법에 어긋나면 안 된다.

민법: 가족·재산 등과 관련된 개인의 권리에 대한 법.

상법: 기업의 경영과 상업 활동에 관한 법.

형법: 어떤 행위가 범죄이며, 그런 행위를 했을 때 어떤 형벌이 내려지는지를 정해 놓은 법.

조약: 두 개 이상의 국가나 국제기구가 공식적으로 합의한 약속이나 계약. 이런 약속은 국가 간에 법적 효력이 있다.

명령: 국회를 거치지 않고 행정 기관에 의하여 제정되는 국가의 법령. 법률보다 아래에 있는 법으로, 대통령령·총리령·부령 등이 있다.

법적 절차: 법에 따라 일을 처리할 때 거쳐야 하는 순서와 방법.

공권력: 국가나 공공 단체가 국민에게 명령하고 강제할 수 있는 권력.

합법: 법령이나 규범에 적합함.

위법: 법률이나 명령 따위를 어김.

불법: 법에 어긋남.

불법 행위:다른 사람의 권리를 침해하여 손해를 일으키는 행위.

권리:어떤 일을 행하거나 다른 사람에게 당연히 요구할 수 있는 힘 또는 자격.

기본권:인간이 태어날 때부터 지니고 있는 기본적인 권리.

의무:사람으로서 마땅히 해야 할 일.

계약:사람이나 조직 사이에 서로 지켜야 할 의무를 글이나 말로 정하는 것.

재판 관련 용어

재판:소송 사건을 해결하기 위해 법원 또는 법관이 판단을 내리는 일.

소송:법정에서 다투는 일.

민사 소송:사람과 사람 사이의 권리나 약속, 재산과 관련된 분쟁을 법정에서 해결하는 일.

형사 소송:범죄와 관련된 문제를 법정에서 해결하는 일.

법원:법에 따라 재판을 담당하는 국가 기관.

법정:재판이 이루어지는 장소.

판사:법원에서 판결을 내리는 사람.

검사:범죄를 수사하고 공소를 제기하며 재판을 집행하는 사람.

변호사:법적인 문제에서 사람을 돕는 전문가.

피고:법정에서 재판을 받는 사람.

원고:법정에서 소송을 제기하는 사람.

가해자:다른 사람의 생명이나 신체·재산·명예 따위에 해를 끼친 사람.

피해자:자신의 생명이나 신체·재산·명예 따위를 침해당했거나 위협받은 사람.

공소(기소):검사가 법원에 특정 형사 사건의 재판을 청구하는 일.

수사:범죄를 조사하는 일.

증인:사건에 관해 아는 사람.

증거:사건을 증명할 수 있는 것.

판결:법원이 내리는 결론.

유죄:죄를 지은 것으로 판결된 상태.

무죄:죄가 없다고 판결된 상태.

청구:상대편에게 일정한 행위나 돈을 요구하는 일.

구제:불공정하거나 부당한 일을 당한 사람에게 법적 보호나 도움을 주는 행위.

처벌 관련 용어

처벌:잘못에 대해 벌을 내리는 것.

형량:법원이 죄인에게 내리는 처벌의 정도.

구속:범죄를 저지른 사람을 법원이나 판사가 일정한 장소에 강제로 가두는 일.

징역:죄인을 교도소에 가두는 형벌.

집행 유예:형이 선고된 범죄자에게 정상을 참작하여 일정한 기간 동안 형의 집행을 미루는 일.

배상:남의 권리를 침해한 사람이 그 손해를 물어 주는 일.

피해 보상:재해나 사고 따위로 손해를 입었을 때 법에 따라 받게 되는 보상.

위자료:불법 행위 때문에 생기는 손해 가운데 정신적 고통이나 피해에 대한 배상금.

벌금:형사 처벌의 일종으로, 폭행이나 절도 등의 범죄를 저지른 경우에 부과된다.

과태료: 형사 처벌이 아니라 행정적으로 부과되는 금전적 처벌. 예를 들면 교통 법규나 환경 보호 규정을 어겼을 때 낸다.

범칙금: 주로 가벼운 위반에 대해 경찰이 현장에서 부과하는 금전적 처벌. 예를 들어 신호 위반이나 무단 횡단을 한 경우에 낸다.

어린이·가정 관련 용어

미성년자: 아직 성인이 아닌 사람. 민법상 만 19세 미만의 사람을 가리킨다.

보호자: 어떤 사람을 보호할 책임이 있는 사람.

법정 대리인: 본인의 허락을 받지 않고도 법률 규정에 따라 당연히 대리할 권리가 있는 사람.

친권: 부모가 미성년인 자녀를 돌볼 신분상·재산상의 권리와 의무.

양육권: 미성년 자녀를 돌보는 권리.

아동 학대: 성인이 아동에게 신체적·정신적·성적 폭력을 가하거나 아동을 돌보지 않는 일.

가정 법원: 이혼·상속 등 가정에 관한 사건과 소년에 관한 사건을 처리하는 법원.

유언: 죽기 전에 남기는 말.

상속: 한 사람이 죽었을 때 그 재산이나 의무를 친족 관계가 있는 사람이 물려받는 일.

참고 자료

공정거래위원회, 「소비자24」
네이버 지식백과, 「시사상식사전」
네이버 지식백과, 「판례와 사례로 보는 생활법률」
문화체육관광부, 「대한민국 정책브리핑」
법제처, 「어린이 법제처」
법제처, 「찾기 쉬운 생활법령정보」
한국학중앙연구원, 「한국민족문화대백과사전」

참고 문헌

『법률용어사전(2023)』, 이병태, 법문북스, 2023

읽다 보면 사회 상식이 저절로
그래서 이런 법이 생겼대요

초판 1쇄 발행 2025년 5월 30일
초판 3쇄 발행 2025년 10월 24일

글쓴이 우리누리 | **그린이** 신동민 | **감수** 서창효·서치원

발행인 이종원 | **발행처** ㈜길벗스쿨 | **출판사 등록일** 2025년 5월 28일
주소 서울시 마포구 월드컵로 10길 56(서교동) | **대표전화** 02)332-0931 | **팩스** 02)322-3895
홈페이지 school.gilbut.co.kr | **이메일** gilbut@gilbut.co.kr

기획 및 책임편집 김언수, 김진영 | **제작** 이준호, 손일순, 이진혁
마케팅 양정길, 지하영, 김령희 | **영업유통** 진창섭 | **영업관리** 정경화 | **독자지원** 윤정아
CTP출력 및 인쇄 교보피앤비 | **제본** 경문제책
디자인 양×호랭 DESIGN | **교정교열** 김미경

잘못 만든 책은 구입한 서점에서 바꿔 드립니다.
이 책은 저작권법에 따라 보호받는 저작물이므로 무단전재와 무단복제를 금합니다.
이 책의 전부 또는 일부를 이용하려면 반드시 사전에 저작권자와 ㈜길벗스쿨의 서면 동의를 받아야 합니다.
인공 지능(AI) 기술 또는 시스템을 훈련하기 위해 이 책의 전체 내용은 물론 일부 문장도 사용하는 것을 금합니다.

© 우리누리

ISBN 979-11-6406-930-9(73360) (길벗스쿨 도서번호 200420)

	제품명: 그래서 이런 법이 생겼대요	주소: 서울시 마포구 월드컵로 10길 56(서교동)
	제조사명: ㈜길벗스쿨	전화번호: 02-332-0931
	제조국명: 대한민국	제조년월: 판권에 별도 표기
	사용연령: 8세 이상	KC마크는 이 제품이 공통안전기준에 적합하였음을 의미합니다.